Bioética y Pena de Muerte:
La Sociedad Regida por una pulsión
de Thánatos.

OCTAVIO MÁRQUEZ MENDOZA

Para pedidos de copias adicionales de este libro, por favor contacte con:
Palibrio
1663 Liberty Drive
Suite 200
Bloomington, IN 47403
Llamadas desde los EE.UU. 877.407.5847
Llamadas internacionales +1.812.671.9757
Fax: +1.812.355.1576
ventas@palibrio.com
359442

"Un día, por fin (le parece que fue el que siguió a la ejecución de Ulbach) comenzó este libro y desde entonces se siente más tranquilo, pues al cometerse uno de esos crímenes llamados ejecuciones judiciales, su conciencia le dice que no es cómplice ni solidario del mismo, ni siente manchada su frente con la sangre que desde la plaza de la Greve salpica la sociedad entera.
Más esto no es suficiente. Gran cosa es tener la conciencia tranquila mientras corre la sangre; pero mucho mejor sería impedir que se vertiese.
Así, pues, en su concepto, el fin más elevado, más santo, más grande que puede proponerse un hombre, consiste en abolir la pena de muerte.
El autor se adhiere desde lo íntimo de su corazón a todos los votos y esfuerzos de los hombres generosos de todas las naciones, que desde muchos años trabajan para destruir el patíbulo, único árbol que las revoluciones no han aún desarraigado. Criatura débil, el autor, sin embargo, da con mucho gusto un nuevo hachazo para ensanchar el gran corte que desde hace sesenta y seis años hizo Beccaria a la vetusta horca, que desde hace tantos siglos se cierne sobre nuestra sociedad.
Hemos dicho que la horca es lo único que las revoluciones no destruyen."
Último día de un condenado a muerte, *Victor Hugo.*

TABLA DE CONTENIDO

CONTENIDO

INTRODUCCIÓN

Desde la antigüedad diversas culturas aplican la pena de muerte en atención a aquellas víctimas que han padecido un daño grave o irreparable. Sin embargo, gracias a la conciencia de los derechos humanos, asunto importante en la agenda política internacional, en los últimos tiempos se ha generado una serie de controversias que motiva una nueva reflexión en torno a este tema complejo y polémico.

A pesar de que este castigo representa una violación a la defensa a los derechos humanos y a los principios bioéticos del respeto a la vida, diversos países del mundo aún conservan la pena de muerte como un ejercicio de justicia por parte del Estado, sobre todo para combatir delitos considerados no comunes o del ámbito militar; otros ya la han suprimido, y algunos, a pesar de mantenerla vigente, no la aplican.

Por ello, debido a que la pena de muerte es una cuestión de vital preocupación, desde un enfoque interdisciplinario, el presente trabajo de investigación reúne seis capítulos que incluyen argumentos de carácter filosófico-moral, jurídico, psicoanalítico y bioético, con los cuales se intenta demostrar su improcedencia e inutilidad en las sociedades contemporáneas.

Básicamente, el eje de este trabajo radica en la pugna que realizan la ética, el derecho, el psicoanálisis y la bioética por su abolición, de ahí que la controversia central cuestione desde la validez del uso de técnicas en la condena de muerte hasta las distintas penas jurídicas aplicadas a quienes cometen delitos penales graves o imperdonables.

El trabajo demuestra que en contra de la pena capital existen diversos argumentos históricos, jurídicos, éticos y psicológicos, puesto que no se trata de un homicidio en legítima defensa, sino de un asesinato que se ampara con la institución de la legalidad, aceptada por la sociedad, pero planeada y realizada a sangre fría por el Estado. De hecho, el objetivo preventivo de la pena capital ya ha puesto en evidencia su fracaso, al demostrar que una ejecución sólo se justifica en el sistema legal por su fuerza intimidatoria superior a cualquier otra pena, inclusive la cadena perpetúa.

A continuación se explica *grosso modo* la estructuración de los capítulos de la presente investigación:

El primer capítulo describe la fundamentación del objeto de estudio desde la descripción de la situación problema, la identificación del problema, hasta la justificación de la investigación y los objetivos general y específicos.

El segundo capítulo presenta el modelo conceptual filosófico-moral que contempla aportaciones valiosas de diversos pensadores como Sócrates, Platón, Cristo, Beccaria, Nietzsche, Marcuse, Camus, Foucault, Roztichner, Kant, Feuerbach, Singer, Beauchamp y Romagnosi; así como la fundamentación ética-reflexiva del hermeneuta Paul Ricoeur.

El tercer capítulo dedica un apartado especial a los diversos antecedentes y planteamientos de corte conceptual jurídico que apoyan la pena de muerte, así como los que están en contra; que van desde los códigos mesopotámicos, las ideas penales, la venganza privada, hasta la venganza pública, la ley taliónica y la venganza divina. Asimismo, se estudia la relación víctima-victimario con la categoría del daño y la tortura como medio para declarar la verdad. Finaliza este capítulo con la pena de muerte en México, desde la época prehispánica, durante la Conquista, la Colonia, la Independencia y hasta la abolición de la misma bajo el gobierno de Venustiano Carranza en 1929.

El cuarto capítulo analiza el modelo conceptual psicoanalítico, con base en los postulados de Freud y Lacan, quienes coinciden en señalar la presencia de una pulsión de thánatos, manifestación inconsciente de destrucción, que permite legalizar y justificar la pena de muerte. Conviene destacar que aquí se explica la decisión de este castigo como la parte más oculta del proceso penal, debido a la exacerbación de la pulsión de muerte que se genera en la sociedad, cuando se convierte en ente insaciable de "justicia". Por otro lado, se recuperan algunas cuestiones de la ética reflexiva de Paul Ricoeur, quien apela por la abolición universal de la pena de muerte.

En el quinto capítulo se expone el origen de la bioética y sus diferentes corrientes; por ejemplo, la utilitarista, el bien para el mayor número en contra de la minoría; o la personalista, que se centra en la santidad de la vida, la Iglesia Católica. Por otro lado, se anotan algunas reflexiones que refieren por qué la bioética obedece al poder imperante del Estado en el tiempo y en el espacio de cada época.

Finalmente, el capítulo sexto concentra argumentos tanto a favor como en contra de la pena de muerte, con el propósito de demostrar que la violencia genera violencia sin fin, pues los seres humanos se ven tentados a satisfacer su necesidad de agresión que los envuelve en un círculo enfermizo y destructivo.

Resulta importante señalar que esta investigación tiene un apartado de anexos, el cual incluye el resumen de ocho documentos fundamentales que tratan nuestro objeto de estudio como un tema que debe discutirse en todo el mundo, ya que desafortunadamente la justicia, la seguridad y paz internacional son derechos básicos que debemos recuperar con urgencia, porque merecemos vivir sin miedo ni resentimientos.

CAPÍTULO I

FUNDAMENTACIÓN DEL TEMA DE INVESTIGACIÓN

1.1 DESCRIPCIÓN DE LA SITUACIÓN PROBLEMA

A pesar de que la vida constituye un imperativo categórico que implica su conservación como principio ineludible e inalienable, todavía son muchos los países que continúan aplicando la pena de muerte. Desde que Cesare Beccaria, en el siglo XVIII, pronunciara la improcedencia e inutilidad de la pena de muerte (aunque paradójicamente la admitía por causas políticas), los avances han sido significativos y de gran trascendencia, pues vale la pena recuperar una idea del autor citado "cuando la justicia inferior ha juzgado sobre la letra de la ley, que puede ser rigorosa, el consejo litiga la sentencia, según el sentido de toda ley que es el de no inmolar a los hombres, a menos de una necesidad evidente".[1]

En los casos de los países que aún la mantienen, la discusión se ha centrado en "humanizar" las técnicas para dar muerte a los reos y si desde ese lugar resulta imprescindible analizar esta problemática debe reconocerse un "avance", lo cierto es que el eje central de la discusión se concentra sobre la base de la improcedencia filosófica-moral, jurídica, psicoanalítica y la construcción de una argumentación bioética que soporte el acto de atentar contra la vida de un semejante, así como recurrir a fundamentos de corte jurídico penal, pretendidamente "justos", a fin de ofrecer un planteamiento con visión integral en torno a un tema complejo y controvertido.

1.1.1 La disuasión

Los estudios realizados en torno a la pena de muerte no han podido nunca encontrar pruebas convincentes que demuestren que la pena capital tiene más poder disuasivo que otros castigos.
El último estudio acerca de la relación entre la pena de muerte y los índices de homicidios, elaborado por la ONU en 1988 y actualizado en 1996, llegaba a la siguiente conclusión: "Esta investigación no ha podido aportar una demostración científica

---

[1]   C. Beccaria. *Tratado de los delitos y las penas,* Porrúa, 10ª ed., México, 2000, p. 288.

de que las ejecuciones tengan un mayor poder disuasivo que la reclusión perpetua. Y no es probable que se logre tal demostración. Las pruebas en su conjunto siguen sin proporcionar un apoyo positivo a la hipótesis de la disuasión".[2]

Debido a que alrededor de nuestro objeto de discusión giran muchas opiniones, también es necesario considerar algunos planteamientos que lo apoyan como el caso de T. Sorrel, quien señala "Los defensores de la pena de muerte explican que dicho castigo contribuye a disuadir a otros criminales y a la sociedad, en general, a cometer delitos graves".[3] No obstante, esta argumentación es frágil, pues por una parte los estudios no han logrado demostrar, fuera de toda duda, que existe una correlación positiva entre la aplicación de la pena capital y la incidencia de delitos graves. A este respecto, Roger Hood subraya que la Organización de las Naciones Unidas encargó una investigación para que se evaluara la "correspondencia existente" entre la pena capital y las tasas de homicidios. Entre las conclusiones se puede observar que no se pudo demostrar que las ejecuciones tuvieran un efecto disuasivo mayor a la de la cadena perpetua que, desde luego, preserva la vida.

En suma, parece no existir elementos tangibles que sostengan la hipótesis de la disuasión. Esto lo demuestran los datos aportados por Amnistía Internacional en países como Canadá, Nueva Zelanda, varios estados de Australia y de la Unión Americana, en los que se ha abolido la pena capital. Para el caso de países como China, donde sí se mantiene, se ha demostrado que el índice global de criminalidad aumentó de manera considerable, pese a la extrema dureza con que se aplica, según cifras correspondientes al período 1983-1985.[4] (Ver anexo 1)

---

[2] R. Hood. *The death penalty: A World-Wide perspective* (1989), Oxford, Claredon Press, en *Encyclopaedia of Bioethics*, Vol. 1, Warren Thomas Reich (edit.), Macmillan Library, 1995, pp. 592-596.

[3] *Cf.* T. Sorrel. *Moral Theory and Capital Punishment,* Oxford, Basil Blackweell en *idem.*

[4] *Error capital. La pena de muerte frente a los derechos humanos,* Amnistía Internacional, Madrid, 1999, pp. 23 - 24

En otras palabras, de acuerdo con el planteamiento kantiano, la hipótesis de la disuasión del delito por medio de la pena capital ha estado cifrada en un *imperativo hipotético,* el cual sostiene su procedencia para un propósito que sólo ha pretendido su *posibilidad,* pero la realidad muestra no sólo una improcedencia práctica sino que, además, al tratarse de la vida se torna un *imperativo categórico.*

1.1.2 Supresión definitiva del castigo

La pena de muerte es un tema que poco a poco ha cobrado relevancia en el ámbito internacional. Cada vez son más los países que desde 1948, con la Declaración Universal de los Derechos Humanos, suprimen de su cuerpo legislativo la pena capital. Si bien durante el siglo XX, hacia finales de la década de los 70, apenas una veintena de países la habían abolido, durante los siguientes veinte años el mundo ya tenía 67 países que la habían proscrito y 24 estaban considerados como abolicionistas en la práctica, en tanto no habían aplicado dicho castigo durante los últimos diez años.[5]

Tanto los países como los gobiernos locales y una serie de organizaciones no gubernamentales de cobertura internacional continúan ejerciendo presión, desde distintos ámbitos, para hacer posible que las legislaciones de los gobiernos que aún mantienen y aplican la pena de muerte, se sumen a su abolición.

1.1.3 Países no abolicionistas

Los países que aún aplican la pena capital, mediante una amplia y lamentable variedad de técnicas, han centrado sus discursos, cuando del tema se habla, en torno a los procedimientos más "humanitarios" para aplicar este castigo. Pero, como bien señala Juliana González, esto implica detenerse en la inmutabilidad de las estructuras, por lo que se corre el riesgo de generar neutralidad axiológica, además de provocar el estancamiento.

---

[5] *Ídem.*

Por ello, como propone esta autora, es menester "acabar con el sufrimiento infringido por unos hombres a otros hombres y con la pena capital misma: que el paso radical sólo puede consistir en la abolición".[6]

Las argumentaciones a favor de la supresión de la pena de muerte van, en principio, desde la falibilidad que puede envolver un juicio penal, hasta las argumentaciones bioéticas que sostienen su improcedencia, en tanto lesionan el imperativo ético capital: el respeto por la vida humana y su dignidad; e impiden la búsqueda de alternativas humanas que rediman social o individualmente una infracción, por grave que ésta sea. En este sentido, parece necesario retomar el tema de la pena de muerte no sólo desde una visión eminentemente jurídica y abolicionista *per se*, sino que es indispensable emprender un trabajo interdisciplinario que, articulado desde la filosofía moral, lo jurídico, el psicoanálisis y la bioética, ofrezca elementos para argumentar por qué, bioéticamente, es improcedente este tipo de castigo que trastoca los límites de la vida humana.

1.1.4 La posición del respeto a la vida

Uno de los razonamientos para oponerse a la pena de muerte es cuestionar su fuerza y consistencia argumentativa, sus premisas del principio, el respeto por la vida y la dignidad humana.

> Si la pena de muerte es indigna, debe abolirse, aunque los políticos la consideran necesaria. Si es indigna no puede ser necesaria. La dignidad. La justicia, en caso de supuesto conflicto, prima ante la utilidad o necesidad. La licitud de la pena capital no es un problema político. Quizá sea un abuso político. Además de otras circunstancias diferenciantes, la solemnidad y la lentitud calculada con que se ejecuta la pena de muerte impiden compararla con el estado de necesidad y con la legítima defensa.[7]

---

[6] J. González. *El Ethos, destino del hombre,* FCE, México, 1996, p. 126.

[7] M. Barbero *et al. La pena de muerte, 6 respuestas,* Boletín Oficial del Estado, Madrid, 1978, pp. 183–184.

Aceptar el hecho de que la moral nos obliga a respetar la vida y la dignidad de la persona es propia de la filosofía de los derechos humanos en todas sus manifestaciones. Sin embargo alguien podría rechazar este principio, limitándolo o matizándolo, accediendo a que se quite la vida a determinados individuos en situaciones por demás gravísimas.

Debido a ello, la *filosofía moral* tiene el valor unívoco del respeto a la vida y su dignidad como bien primero, único e irremplazable. La pena de muerte resuelve sin comprender el principio de la vida o de la morada humana, en lo más profundo del ser, el *"ethos"*, su guarida, su ética.

Se puede buscar en esta oscuridad alguna luz que nos libre de la reacción que provoca la pena de muerte, como último recurso de justicia, sin pensar lo que tiene el hombre en la esencia del eros *y el ethos*. Es auto-creación, *auto-póiesis*. En este sentido se dice que el *ethos* es segunda naturaleza, la que sobrepasa la naturaleza dada. Es naturaleza moral, capacidad de elevación y trascendencia que ejerce su voluntad y su libertad, para obtener su felicidad, su vida buena en términos ricoeruianos.

De ahí las razones éticas que fundamentan la necesidad de abolir la pena de muerte, las cuales sin duda aluden al carácter inviolable de la vida y su dignidad, nunca como medio para fin alguno; es obligación de un mundo verdaderamente civilizado en la transformación de las instituciones y en especial de las instituciones correctivas que readaptan-adaptan, a través del psicoanálisis y la reeducación al criminal, quien tendría que permanecer en prisión por diferentes lapsos, según las evaluaciones obtenidas en cada caso en particular.

Esta realidad es opuesta a la de las instituciones filicidas de la cultura, que necesitan del firme apoyo de la comunidad para defender la progenie total y procurar el advenimiento de una relación generacional que intensifique el *eros*, para contribuir así a neutralizar el hipertrofiado desarrollo de la pulsión destructiva del odio en la sociedad contemporánea (ver anexo 2).

Los seres humanos tienen una vida cargada de determinantes inhumanos que los sitúan en la condición de su primera naturaleza, esto es, en su vulnerabilidad enajenada que no les permite identificar al otro en su alteridad, condenada a la sola subjetividad de su narcisista existencia mortífera; sin posibilidad de ascender a su segunda naturaleza por satisfacer el deseo de empoderamiento aniquilando al otro.

La pena de muerte es un fracaso de una verdadera "vida buena", miseria humana, sin mensaje de vida, irreconciliable con lo trascendente del fin humano. Si acaso sólo dolor, angustia, destrucción y derrota del ser y poder alcanzar una vida buena; fracaso de la cultura expresado en la venganza talional de sus más ocultas injusticias, que reproducen lo instintivo y lo primitivo de la naturaleza humana.

¿Podría el problema ser entendido en el origen de los mitos griegos como una acción que reitera y revela el conflicto vida-muerte, en la persecución y la matanza de los hijos, *filicidio*? En diferentes circunstancias el hombre que profana el establecimiento social, al delinquir, realiza una descarga narcisista destructiva, busca consciente o inconscientemente encontrarse con su deseo en su devenir histórico-vital y rompe el atado simbólico en su constitución subjetiva como sujeto, dando lugar al pasaje al acto descrito en la teoría psicoanalítica. Compulsión a la repetición, círculo cerrado, sin ascenso, sin ética individual ni social y sin otro mensaje que la ley del talión: la venganza; proyección del conocimiento del mundo, como satisfacción de la pulsión de muerte, en su dimensión destructiva, placer de descarga, sólo equilibrio, principio de constancia. Así entonces, la ley del talión no ha mostrado una mutación histórica a esta problemática de la pena de muerte, pues nunca ha conseguido hacer mejores a los hombres.

1.2 IDENTIFICACIÓN DEL PROBLEMA

El derecho a la vida y el problema de la pena de muerte deben ser tratados desde la noción de vida humana y deben enfocarse al problema de la *humanitas* (esencia del hombre); por lo que el problema de investigación se enuncia de esta forma: ¿cuáles son los enfoques filosófico-morales, jurídicos, psicoanalíticos y bioéticos que fundamentan el derecho a la vida, del eros del ser humano en su contexto cultural que se rige por una pulsión del thánatos?

Con estos enfoques se asentarán las bases para elaborar algunas consideraciones acerca de la bioética que posibiliten la crítica a una cultura y a una sociedad conductora a la exacerbación de la pulsión de muerte, "thánatos", que acepta como castigo la pena capital, trastocando así el valor universal del derecho a la vida y la dignidad humana. Tales perspectivas se han construido a partir de un trabajo interdisciplinario, conformado por un equipo de investigación que ha aceptado además el reto de un compromiso social con la creación de argumentos que apoyen la comprensión y el sentido de esta problemática.

1.3 JUSTIFICACIÓN DE LA INVESTIGACIÓN

Desde el punto de vista filosófico-moral, Sócrates fue el primer filósofo en provocar con su pensamiento una revolución intelectual y propiciar cambios importantes en la mentalidad griega de su época. Su actitud ética y ejemplar causó admiración y respeto no sólo en sus coetáneos, sino también en pensadores de los siglos posteriores.

> Es evidente, pues, que existen varias clases de justicia, y que, junto a la virtud total, hay otras. Vamos a investigar cuáles son y de qué clase. Hemos definido lo injusto como lo ilegal y desigual, y lo justo como lo legal y equitativo. Pues bien, la injusticia de la que antes hemos hablado es la ilegal, y así como lo desigual y lo ilegal no son lo mismo sino distintos, tal cual lo es la parte del todo (pues todo lo desigual es ilegal, pero no todo lo ilegal es desigual), tampoco lo injusto y la

injusticia son lo mismo, sino que difieren entre sí, el uno como parte y el otro como todo; igualmente esta injusticia es parte de la justicia total- como la justicia particular es una parte de la integral.[8]

El pensamiento socrático nos lega el tema de la justicia y es Aristóteles quien revisa no sólo los sentidos que asume este concepto, sino quien diferencia la justicia distributiva de la justicia reparadora. Distinción que prevalece en el ámbito penal, pues cuando se cuestiona la improcedencia o injusticia de la pena capital, los países que aún la mantienen vigente y la aplican, argumentan que se trata de un acto justo pues está prescrito por la ley para los delitos considerados en extremo graves.

Este razonamiento tiene cierta relación con el pensamiento aristotélico, cuando se argumenta lo siguiente:

> Puesto que injusto es desigual y lo injusto es ilegal, y es evidente que existe un término medio de lo desigual, y éste es lo igual. Porque en toda acción en la que existe lo más y lo menos se da también lo igual. Por consecuencia, es evidente que debe llamarse justo al que obedece a las leyes y al que observa con los demás las reglas de la igualdad. Así lo justo será lo que es conforme a la ley y a la igualdad y lo injusto será lo ilegal y lo desigual.[9]

Desde el punto de vista jurídico, es contradictorio dar solución a un problema tan grave como el de la violencia y la no consideración a la vida, si en esa pretensión se cae de nuevo en el no respeto a la dignidad humana. Habría, en cambio, que luchar contra un vacío en la expresión humana, identificable en algunas legislaciones en el mundo que quieren que todo aparezca bajo el semblante del criterio utilitarista del bien común. Lo primero es equivalente a la afirmación: "debes respetar la vida del otro", aunque teniendo en la mano el instrumento claro y preciso que te dice: "si no lo haces, yo (la ley) no respeto la tuya". ¿Cómo exigir que se cambie el

---

[8] Aristóteles. *Ética Nicomáquea, ética eudemia*, Libro V, Gredos, Madrid, 1998, 1130b-5-10.

[9] *Ibíd.*, 1131ª-10.

modo de obrar de un individuo cuando la misma ley, garante de la seguridad y de la igualdad de sus ciudadanos, no lo hace?

Una ley que aprueba la pena de muerte demuestra deficiencias al trabajar y luchar por la libertad de todos sus hombres pues soslaya el reto de ejecutar acciones concretas con quienes necesitan ser tomados en cuenta para ser ayudados y sanen, aun cuando deban permanecer bajo cierto tipo de custodia, como la extrema prisión perpetua, pero no debe aplicarse la pena de muerte. Si una persona comete algún crimen debe ser castigada, pero también debe ser readaptada-adaptada sobre la base del tratamiento psicoanalítico, el trabajo y la capacitación, así como de la obtención de una educación que le permita modificar sus condiciones de vida.

No se debe llegar al límite de usar el citado castigo como último recurso. Se ha comprobado estadísticamente que su existencia no inhibe la realización de delitos graves. Por sí misma, la pena de muerte es un argumento explicable desde la naturaleza de las pulsiones, pero no justificable. Las opiniones de los especialistas en el contexto del derecho natural y positivo tratan de hacerlo, pero es difícil que logren tal objetivo dentro de cualquier sistema político o social que se base en la garantía y el respeto de los derechos humanos, así como de las libertades fundamentales de las personas.

Desde el punto de vista psicoanalítico, conviene revisar algunos aspectos freudianos, como la compulsión a la repetición cuyo destino es la pulsión de muerte, pues se insiste en que la existencia de la pena capital envía una señal a quienes, se supone, podrían cometer en el futuro un delito grave, como el homicidio. Sin embargo, los padrones revelan que la ejecución de la pena de muerte no funciona como señal de alerta.

Siguiendo la idea freudiana de la pulsión de vida, no ya como libido, sino como eros, que asegura la unidad del psiquismo y que se considera como una verdadera pulsión ética, resulta imprescindible hacer estos cuestionamientos: ¿sería recomendable investigar e interrogar a la bioética acerca de la pulsión destructiva de los hombres inmersa en el paradigma del thánatos?, ¿sería plausible cuestionar al psicoanálisis sobre el planteamiento del instinto de muerte como una característica indómita de la naturaleza humana?, ¿sería importante llevar a cabo un enorme esfuerzo para pensar en nuevas opciones, como renovar la vida, el respeto y, con base en estos valores, crear nuevas señales de interpretación?, ¿por qué el acto humano de agredir destructivamente se presenta con tanta frecuencia en todos los niveles de las sociedades, sin reflexionar sobre su forma paradójica? Estos cuestionamientos contradicen la pena de muerte.

Desde el punto de vista bioético, la pena de muerte se considera como un intento de la cultura por negar sus valores bioéticos. Ocurre en un contexto general caracterizado por el predominio del sistema capitalista neoliberal, donde las guerras, las adicciones, el alcoholismo y la explotación del hombre por el hombre, entre otros, son asuntos cotidianos. Se trata, por lástima de una cultura hedonista que sólo busca el placer inmediato a costa de lo que sea, obtener dinero sin importar cómo lograr este fin; confunde la calidad con el nivel de vida basado en la acumulación de riqueza, y causa graves daños ecológicos, entre otras circunstancias que limitan o afectan la búsqueda del acceso a un nivel cultural superior, a través de expresiones científicas, tecnológicas, culturales, artísticas o espirituales; todas ellas comprendidas dentro del humanismo, entendido como la idea de lo que es la esencia del hombre o la *humanitas*.

1.4 OBJETIVOS

Los objetivos van encaminados desde una perspectiva interdisciplinaria, de tal manera que el general plantea analizar la pena de muerte en México desde el enfoque cualitativo, con base en los fundamentos filosófico-moral, jurídico, psicoanalítico y bioético. Y los específicos, dirigidos en el general, proponen aportar elementos de reflexión en estos ámbitos que privilegien el respeto de la vida en todas sus manifestaciones, con el fin de rechazar la pena de muerte.

Con los fundamentos filosóficos-morales para rechazar la pena de muerte en su dimensión taliónica, en la que subyace de manera clara no sólo la idea de venganza, sino también la de correspondencia; es decir, el supuesto de que esto genera la disuasión de los crímenes, en tanto castigo ejemplar. No obstante, es fácil advertir que dichas ideas se mantienen ligadas a la pulsión de muerte, *Thánatos*, como último recurso de justicia.

Desde el punto de vista jurídico para evitar que la persona humana sea despojada del derecho esencial que es la vida, al imponerle la pena de muerte, negándole toda posibilidad de cambio y readaptación-adaptación social de los sujetos declarados culpables.

Con elementos del psicoanálisis para contribuir al respeto por la vida y su dignidad, a través de Freud y Lacan, como interpretación de la cultura (Ricoeur) en los temas de la pulsión de vida *vs.* pulsión de muerte, así como el conocimiento del superyó y la contribución lacaniana sobre la introducción teórica a las funciones del psicoanálisis en criminología.

Con base en algunos fundamentos bioéticos que reverencian por todo lo que se llama vida, como principio o raíz de la moralidad, en una búsqueda que permite fijar principios descubiertos o escogidos de común acuerdo, como la ética secular y filosófica.

Finalmente, aportar elementos que ofrezcan a la comunidad académica, a los jóvenes y a la población en general, argumentos que favorezcan una nueva posición axiológica en torno a la pena de muerte para resaltar el derecho a la vida y la dignidad como valores supremos e inalienables del ser humano.

CAPÍTULO II

MODELO CONCEPTUAL FILOSÓFICO-MORAL

2.1 SÓCRATES: COMETER O RECIBIR UNA PENA INJUSTA

2.1.1 Tratado de lo justo y lo injusto

El problema que presenta adentrarse en el pensamiento platónico consiste en discernir lo propio de su filosofía, ya que no se sabe con exactitud hasta dónde habló Sócrates y dónde inicia Platón. Acerca de la falibilidad del juez, el propio Platón expresa, como se menciona líneas atrás, que es preferible sufrir una injusticia que cometerla. Resulta ilustrativo el siguiente fragmento del diálogo que él sostiene con Polo y que forma parte del *Gorgias*, cuyo subtítulo hace mención a la retórica y está hecho a la medida para escamotear la incultura contemporánea, ya que contiene un verdadero tratado de lo justo y lo injusto.

En estos párrafos, Sócrates cuestiona el engreimiento del amo, encarnado en un hombre libre de Atenas, cuyo límite está dado por la realidad del esclavo, esto da paso a la sabiduría del hombre libre al declarar lo absoluto de la justicia expresada en la virtud del lenguaje bajo la mayéutica del interlocutor. De esta manera, Sócrates muestra la dialéctica sin fondo en las pasiones del poder, sin evitar el reconocimiento de la ley de su ser político en la injusticia de la ciudad y de esa forma la inclina ante los mitos eternos donde se expresa el sentido del castigo y la corrección, para la mejora del individuo y ejemplo del grupo. No obstante, Sócrates acepta, en nombre de lo universal, su propio destino y se somete de antemano al veredicto insensato de la ciudad que lo hace hombre.

Sócrates: Voy a intentar, querido mío, hacerte decir lo mismo que yo, porque te tengo por mi amigo. He aquí pues, los objetos acerca de los que conforman nuestros pareceres. Júzgalo tú mismo. He dicho antes, que cometer una injusticia es un mal mayor que sufrirla.
Polo: Es cierto.
Sócrates: Y tú sostienes que es un mal mayor sufrirla.
Polo: Sí.
Sócrates: He dicho que los que obren injustamente son desgraciados, y tú me has combatido.
Polo: Sí, ¡por Zeus!
Sócrates: A juzgar por lo que tú crees.

Polo: Y probablemente tengo razón para creerlo.

Sócrates: A la vez tú tienes a los hombres malos por dichosos, cuando no sufren el castigo debido a su injusticia.

Polo: Sin duda.

Sócrates: Y yo digo que son muy desgraciados; y que los que sufren el castigo que merecen, lo son menos. ¿Quieres también refutar esto?

Polo: Esa aserción es aún más difícil de refutar que la precedente, Sócrates.

Sócrates: Nada de eso, Polo; una empresa imposible sí que es porque la verdad no se refuta nunca.[10]

Con este fragmento, el pensamiento socrático, en nuestra opinión, busca "liberar" un poco al juez, en tanto falible. Sin embargo, más adelante, Sócrates, por medio de Platón, argumenta que existe una estrecha correspondencia y una identidad entre el bien y la belleza, por un lado y el mal y la fealdad, por otro.[11]

Sócrates: Si quieres saberlo, respóndeme, Polo, como si comenzase por primera vez a una interrogante. ¿Cuál es el mayor mal, a juicio tuyo: hacer una injusticia o sufrirla?

Polo: Sufrirla, en mi opinión.

Sócrates: ¿Qué es más feo: hacer una injusticia o sufrirla? Responde.

Polo: Hacerla [...].

Sócrates: ¿Preferirías tú lo que es más feo y más malo a lo que es menos? No tengas reparo en responder, Polo; que ningún mal te va a resultar, al contrario, entrégate sin temor a esta discusión como un médico; responde, y confiesa o niega lo que te pregunto.

Polo: No lo preferiría, Sócrates [...].

Sócrates: Luego tenía yo razón cuando decía que ni tú, ni yo, ni nadie preferiría hacer una injusticia a sufrirla porque es una cosa más mala.[12]

---

[10] Platón. *Diálogos, Protágoras – Gorgias, Carmides, Ion, Lyci,* UNAM, México, 1922, pp. 156 - 157.

[11] Es necesario aclarar que para los griegos había conexión indisoluble entre la belleza física y la belleza espiritual, es decir, que una persona bella exteriormente tendría que ser buena.

[12] Platón. *Op. cit.,* pp. 160 - 166.

[En esta segunda parte del diálogo, Sócrates cataloga injustas tanto la falibilidad como la aplicación de una pena para la cual no había delito o culpa. De hecho, no simpatizaba con la democracia que imperaba en su época y tampoco con la dictadura conocida como la de los "Treinta tiranos". Sin embargo por muchas de estas ideas, este gran filósofo fue condenado a muerte.]

2.2 PLATÓN: LA PENA DE MUERTE, MEDIDA CORRECTIVA

2.2.1 La muerte como medida correctiva

Como discípulo de Sócrates, Platón afirmaba que el Estado no sólo tenía el derecho sino también el deber de reprimir cualquier atentado contra sus instituciones. El Estado se fundamentaba en lo siguiente: el castigo que inflige la ley no tiende nunca al mal sino que produce uno de estos dos efectos: el de mejorar a quien lo padece, o hacerlo menos miserable. En cuanto al ciudadano que se descubriera culpable de un crimen de este género (es decir, autor de alguno de estos infames delitos contra los dioses, sus padres o la ciudad), el juez lo consideraría, ya desde entonces, como incurable pues la excelente educación en que fue formado desde su niñez no había podido conseguir que se abstuviera de las mayores iniquidades. Su castigo sería de muerte; el menor de los males para él y para los demás es un escarmiento provechoso al verlo desaparecer, sin ningún respeto u honor, fuera de las fronteras. ¿Y si no fuera así, cómo se propiciaría algún cambio en la evolución de nuestra cultura?

La justificación platónica en relación con la pena de muerte puede abordar, por lo menos, cuatro aspectos: se trataba de otro tiempo, donde se defendía la esclavitud institucionalizada, no existía un acceso directo a la cultura y se manifestaba una creciente deshumanización.

2.2.2 La muerte como violencia

En la actualidad nos encontramos con que las artes, las ciencias y la deshumanización están presentes y se plantea que la pena de muerte humanizará al mundo, sin embargo, se piensa que es una expresión más de violencia e intolerancia que cimbra las pasiones más profundas de los hombres hasta la locura. El derecho penal debe enaltecer a los hombres, lo que nos lleva a pensar que en eso estriba la filosofía platónica y no en extinguir y amenazar a los hombres, en vez de promover aquello que los clásicos llamaron la *humanitas* del *homo humanus*.

Por esta razón se ha impulsado fuertemente, desde el ámbito internacional, la abolición o la no aplicación de la pena de muerte. Es decir, se ha avanzado más en la presión de modificar la ley *per se* que en discutir desde la filosofía moral, el psicoanálisis y la bioética por qué se debe eliminar a un semejante.

2.2.3 La muerte como "acto justo"

Al incorporar a la ley la pena capital, las sociedades han pretendido establecer que se trata de un "acto justo", pues está contenido en la ley. Quizás esta visión la arrastramos desde el pensamiento filosófico clásico, en el que, como decía Aristóteles, "es evidente que todo lo legal es, en cierto modo, justo, pues lo establecido por la legislación es legal y cada una de estas disposiciones decimos que es justa".[13] Aquí podemos apreciar un paralelismo con Enrique Hülsz, cuando acertadamente habla de la vigencia de Grecia, no tanto como un pasado muerto inactual sino un legado viviente.

Aristóteles discute con posterioridad el concepto de justicia correctiva y cuestiona el pensamiento taliónico de los pitagóricos, quienes definieron lo justo simplemente como "el sufrir uno lo mismo que hizo a otro". El filósofo de Estagira argumenta que el talión no está en consonancia con la justicia distributiva ni con la correctiva, por más que pretenda decirse que ésta es la justicia de Radamanto.[14] Sin embargo, la argumentación del iniciador de

---

[13] Aristóteles. *Op. cit.*, 1129b p. 10.

[14] Radamanto, hijo de Zeus (Júpiter) y de Europa; era uno de los tres jueces del infierno. Radamanto, junto con sus dos hermanos, Minos y Eaco, tuvieron fama de justicieros, pues los justos eran enviados al Eliseo o

la psicología racional no se cifraba en desaparecer la ley taliónica sino en pugnar por la reciprocidad en función de la *proporción* y no de la *igualdad*.

Esta visión se puede ilustrar con el siguiente pasaje que expone Aristóteles: Si uno que tiene un cargo público golpeó a otro, no por eso ha de recibir a su vez un golpe; y por el contrario, "si alguien golpea a un magistrado, no sólo debe ser golpeado sino también castigado. Hay aquí, además, una gran diferencia entre lo voluntario y lo involuntario".[15]

2.2.4 La intención o premeditación en la ejecución del delito

Aunque Aristóteles, debido a su propia época e historia, estaba a favor de la pena de muerte, pues estaba en la ley y, en consecuencia, era un acto justo, no examinaba de forma crítica esta noción. No obstante, cuando propuso la idea de *intención*, es decir, de cometer un acto voluntaria o involuntariamente, representó un importante avance, pues cuando alguien cometía un crimen sólo era condenado a muerte si el acto había sido cometido de manera voluntaria, ya que se consideraba que una persona no cometía injusticia cuando actuaba *involuntariamente*.

Esta visión aristotélica se ha mantenido a lo largo de muchos siglos. La intención o premeditación se ha transformado en descargo o atenuante en la ejecución de actos, sobre todo en aquellos que implican la intervención y aplicación de la ley. Asimismo, cuando los jueces han dictaminado la pena máxima, y esto ha sido un error, también se les ha exculpado, en tanto se aplican dos elementos concomitantes: el hecho de que tal pena obra en el *corpus* jurídico, siguiendo al pensamiento aristotélico, al tratarse de un acto justo que ellos,

---

isla de los bienaventurados mientras que los malos eran arrojados al tenebroso Tártaro, donde los grandes culpables sufrían su castigo. Por eso Aristóteles alude a la justicia de Radamanto.

[15]   *Ibíd.*, 1132ª p. 25.

personalmente, no tienen la intención de cometer error ni de provocar daño letal alguno.

2.3 EL ORIGEN DEL PERDÓN EN EL CRISTIANISMO

2.3.1 Antecedentes

La forma en que se juzga y castiga al sujeto se determina según el origen de cada pueblo, cultura, costumbres y tiempo en que se desarrollen. Cada pueblo tiene un modo específico para condenar a quienes se consideran criminales. En general, la pena de muerte existe en casi todas las culturas con sus determinadas formas de tortura.

Por ejemplo, cuando llega Jesús ante Pilatos, se le dicta sentencia de pena de muerte por haber infringido la ley judía y por blasfemar diciendo que él era el Cristo. Así, en toda la historia observamos en diferentes culturas cómo cada una llevó a cabo la pena de muerte y cómo, de acuerdo con las leyes de su lugar y época, era ejecutada la persona.

En la actualidad, la idea de dar muerte a quien "la merece" ha cambiado, es un castigo jurídico penal que se lleva a cabo en algunos países. En los lugares donde fue abolida se debió, fundamentalmente, a la presión internacional.

2.3.2 La alianza teológica-jurídico-política

Hasta aquí se ha advertido que no es posible abordar nuestro objeto de estudio con planteamientos aislados; por ello es momento de recurrir a la religión, para intentar conformar una alianza teológico-política o teológico-jurídico-política, que fundamenta o participa de la pena de muerte. Existe un concepto de soberanía sobre la vida y la muerte de criaturas o de sujetos y comprende el derecho de gracia, el cual, en términos de Ricoeur, "es difícil situar correctamente la idea de Perdón en la trayectoria designada por los tres términos:

sanción-rehabilitación- perdón. Se pueden decir de él cosas contradictorias, pero quizá igualmente necesarias y hasta complementarias, en lo que concierne al vínculo entre el perdón y todas las formas jurídicas que engloban la sanción, la rehabilitación, la gracia y la amnistía".[16]

2.3.3 Concepto de perdón

El concepto de perdón lo heredamos. Para comprenderlo la tradición nos debe muchas respuestas. De herencia judía, cristiana e islámica, con un fuerte parentesco católico, el perdón prevalece impuesto como condición; por lo tanto no tiene sentido cuando el criminal lo clama. Cuando el culpable reconoce su falta, ya está seguro del camino del arrepentimiento y la transformación del ser. En este caso, el perdón se hace *a cambio* del arrepentimiento y de la transformación. Desde que Cristo muere en la cruz, el perdón para la humanidad es un valor universal. Es un perdón *bajo condición*.

La segunda lógica, también presente pero menos representada, es la de un perdón incondicional: perdono entonces *a quien tenga* una actitud de culpable, da lo mismo si el culpable pide perdón o no; o sea, si se arrepiente o no. Yo lo perdono *en tanto* culpable; lo perdono en tanto que él o ella sean culpables, o bien que él o ella queden como culpables. Estas dos lógicas son concurrenciales y contradictorias, pero todas activas en el discurso de nuestra herencia.

El verdadero "sentido" del perdón es perdonar lo imperdonable, incluso si la persona no pide perdón. La abolición de la pena de muerte obliga a ese perdón no sólo al criminal en estado de locura sino a todos. Debemos soñar que un día será abolida de la faz de la tierra y que a la sociedad le bastará aplicar la "prisión perpetua", o sea, la prisión sin regreso posible.

---

[16]   P. Ricoeur, *Lo justo,* Caparrós, Madrid, 1999, p. 194.

2.3.4 El perdón de Dios

El hombre pide perdón a Dios o le pide a Dios que perdone a otro. Debemos recordar la declaración de la iglesia cristiana de Francia frente a los judíos, ésta pidió perdón a Dios tomando como ejemplo a la comunidad judía, pero no pidió perdón a los judíos inmediatamente. Es Dios quien perdona a quien lo pide. El poder de perdonar, condicional o incondicionalmente, es siempre un poder de esencia divina. Podemos creer lo contrario, al saber que sólo un ser finito puede perjudicar, herir, matar y tener el perdón o perdonar. Entonces se puede castigar y perdonar para que la vida social no sea interrumpida.

Observemos, ante todo, la crítica a la que hay que someter la idea algo confusa en la cual confía mucha gente honesta: quienes ven en el crimen una manifestación de los "instintos" que echa abajo la "barrera" de las fuerzas morales de intimidación. Imagen difícil de extirpar, pues complace a quienes desean ver al criminal a buen recaudo y al gendarme tutelar, que es característico de nuestra sociedad, con una omnipresencia tranquilizante.

Porque si el instinto significa, en efecto, la irrebatible animalidad del hombre, no se ve por qué ha de ser menos dócil si está encarnado en un ser de razón. La forma del adagio que reza: *Homo homini lupus* es engañosa respecto de su sentido y Baltasar Gracián forja, en un capítulo de *El criticón*, una fábula en la que muestra qué quiere decir la tradición moralista, al expresar que la ferocidad del hombre hacia su semejante supera todo cuanto pueden los animales y que, ante la amenaza que representa para la naturaleza entera, hasta los carniceros retroceden horrorizados, pues, por desgracia, día con día, la humanidad demuestra una imaginación y una extraordinaria capacidad para crear nuevas formas de tortura.

Los países "civilizados" exhiben diferentes métodos de tortura y muerte y estos cambios nos pueden hacer creer que la nueva tecnología está a disposición del acto de aplicar la pena de muerte. Por ejemplo el "avance" que se ha tenido desde la simple hoguera a la horca, de ella a la guillotina, de ésta a la silla eléctrica y posteriormente a la cámara de gas y la inyección letal, nos hace suponer que cada nuevo instrumento está acompañado de la justificación de aliviar el sufrimiento en la hora final del reo.

En la medida que transcurre el tiempo y evoluciona la sociedad, se está aboliendo la tendencia a la tortura. No sólo se persigue como objetivo castigar, atormentar y afligir sino impedir que se cometan nuevos daños a la humanidad.

En la actualidad se ha producido un verdadero cambio respecto a la pena de muerte, se ha logrado su abolición en 35 países de 135 aproximadamente que la aplicaban; los otros 100 la conservan en sus múltiples modalidades. Es necesario restablecer la justicia; no sólo para prevenir delitos o crímenes futuros sino por la necesidad intrínseca y racional, de reparar y restablecer el orden. Existe un abismo entre el castigo y la muerte. El primero tiene otra esencia; siempre está en el ámbito de la vida, en el reino de lo posible y de lo humano. El orden ético implica la ruptura de la ley del talión, del círculo vicioso de culpa-castigo-culpa. La ética remite a otro orden y a otra ley superior, a otro nivel, más allá de la simple y cerrada estructura de la acción y la reacción, meramente proporcional de ojo por ojo, y diente por diente.

El criminal ejerce una fuerza brutal contra el débil, el inocente o la víctima. Esto es lo intolerable. Con la aplicación de la justicia se trata de invalidar el poder destructor del criminal, pero no con sus mismas fuerzas de muerte y destrucción. No debemos responder a la violencia con la violencia, al mal con el mal; y la pena de muerte es un mal, es una manifestación de violencia, por mucho que se pretenda ejecutar con "ciencia", "suavidad" y en nombre de la justicia.

2.4 BECCARIA: LA BÚSQUEDA DE LA ABOLICIÓN

2.4.1 El tratado de los delitos y las penas

El tema en torno a la supresión de la pena capital tiene sus raíces en el *Iluminismo Italiano* encarnado en Cesare Beccaria, a finales del siglo XVIII. Su obra (1764), *El tratado de los delitos y de las penas,* fue incluida en el índice de libros prohibidos; es un referente indispensable para la construcción de argumentos adicionales en torno a la improcedencia de esta pena. Este jurista italiano es considerado como el primer abolicionista moderno, aunque admitió la licitud de la pena de muerte cuando fuese necesaria "para la seguridad de la nación", al señalar que "las penas que sobrepasan la necesidad de conservar el depósito de la salud pública son injustas por su naturaleza y tanto más justas son las penas cuanto más sagrada e inviolable es la seguridad, y mayor la libertad que el soberano conserva para los súbditos".[17]

Beccaria arguye que las penas, aun las más extremas, deben servir para que el reo no cause nuevos daños a sus conciudadanos, pero esto no se logra con la tortura del cuerpo y menos aún con el aniquilamiento del reo. El filósofo italiano agrega que la tortura es ilegítima, pues no se puede suponer que el dolor y, agregaríamos, la eliminación del otro, constituyan los referentes de la verdad y de la justicia; aunque advierte que no se justifica ningún derecho para dar cabida a que los seres humanos, incluso "con la ley en la mano", se otorguen la facultad de matar a sus semejantes.

Directamente vinculado con este razonamiento, Juliana González, después de señalar que el hombre posee una naturaleza propia, única e irreductible, que le torna insustituible, no utilizable para ningún fin sino que es fin en sí mismo; subraya que nadie puede adjudicarse el "derecho a intervenir en aquello que otro posee de

---

17 N. Abbagnano. *Historia de la filosofía,* Vol. II, Montaner y Simón, Madrid, 1978, p. 393.

más propio: su vida y también su intimidad. El castigo tiene límites infranqueables; no puede tocar la dignidad y la vida humana".[18]

2.4.2 La imputación subjetiva

La ética no existe cuando se le ejerce sola o conforme a supuestas o reales necesidades del Estado. Aunque se intente matizar de muchas maneras esta situación, las personas siempre son usadas como medios para satisfacer necesidades del Estado, por lo que se les degrada a cosas o servicio de otros fines. La prevención general positiva no es más que la necesidad de valerse del mal realizado a una persona para así fortalecer la confianza del resto del sistema y normalizar la situación. En el positivismo alemán se le llamaba "culpabilidad" a la imputación subjetiva. En estos casos, es mínima la violación a la ética porque se le desconoce su dignidad a la persona y se le deja de tratar como fin. En estas versiones, la culpabilidad jurídico–penal no puede confundirse con la culpabilidad–ética, precisamente, porque aquí la culpabilidad es antiética. Así, la ética y el derecho son dos conceptos muy distintos; el derecho es más acotado que la ética, por lo que puede reprochar a un mayor número de conductas.

2.4.3 La autonomía del derecho de ejecución penal

La autonomía del derecho de ejecución penal, al ser partícipe de los límites del poder punitivo, debe regirse como todos los principios que obligan al derecho penal en sentido estricto.

Con la revolución industrial tuvo lugar la primera división: los que consideraron que el estado anterior al Contrato Social era un estado de guerra, en el que imperaba la fuerza y no había derechos, y los que afirmaban que era un estado de paz y de ejercicio natural de los derechos; por lo que el contrato sólo era para mejorar y asegurar tal ejercicio. La primera fue la vertiente absolutista que apoyaban Hobbes y Kant, en la cual negaban el derecho de resistencia a la opresión, ante la superioridad de

---

[18]   J. González. *Op. cit.*, p. 127.

cualquier dictadura. La segunda vertiente era la liberal, apoyada por Locke y Feuerbach, quienes reconocían el derecho de resistencia civil contra la opresión en caso de desconocimiento de los derechos anteriores al contrato.

El paradigma contractualista provocó también desarrollos que llevaron al desprestigio del Contrato Social. La comprobación de que la sociedad no había servido para asegurar el respeto de los derechos, debió llevar a que alguien pensara en lo político. Ésta fue la tesis anarquista racionalista de William Godwin, que es una deslegitimación con el pacto de Locke y de Feuerbach.[19]

2.5 NIETZSCHE: GENEALOGÍA DE LA PENA

2.5.1 El origen y la finalidad de la pena

Acerca de estos temas Nietzsche opinaba: "Sobre el origen y la finalidad de la pena, dos problemas que son distintos o deberían serlo: por desgracia, de ordinario se los confunde".[20]

¿Cómo responden los genealogistas de la moral hasta ahora? Tal vez, como siempre, de manera crédula y por ende, al servicio de la pulsión de muerte en el sentido freudiano. De hecho, se descubre en la pena una finalidad cualquiera, por ejemplo, la venganza o la intimidación y colocan atrevidamente esa finalidad al comienzo, como causa productiva de la pena y la 'finalidad en el derecho'.

> Esto es, sin embargo, lo último que ha de utilizarse para la historia genética pues no existe principio más importante para toda especie de ciencia histórica que se ha conquistado con tanto esfuerzo pero que también debería estar realmente conquistado, a saber que la causa de la columna de una cosa y la finalidad de ésta permiten

---

[19] E. Zaffaroni. *El proceso penal, sistema penal y derechos humanos,* Porrúa, México, 2001, p. 271.

[20] F. Nietzsche. *La genealogía de la moral,* Alianza, Madrid, 1997, p. 29.

la utilización efectiva y la colocación, en un sistema de propósitos, totalmente separados entre sí.[21]

Por muy bien que se comprenda la *utilidad* de un órgano funcional cualquiera (o también de una institución jurídica, de un hábito social, de un uso político, de una forma determinada en las artes o en el culto religioso), nada se ha logrado aún con ello respecto a su origen y se piensa que si el ojo estaba hecho para ver y la mano estaba hecha para asir, así también se ha imaginado de este modo a la pena, como si hubiera sido ideada para castigar.

He querido decir que también la parcial utilización, la atrofia y la degeneración, la pérdida de sentido y conveniencia, en una palabra, la muerte, pertenecen a las condiciones del verdadero *progressus*: el cual aparece siempre en forma de una voluntad y de un camino hacia un *poder más grande*, y se impone siempre a costa de innumerables poderes más pequeños. La grandeza de un <progreso> se mide, pues, por la masa de todo lo que hubo que consagrarle; a la humanidad en cuanto masa, sacrificada al florecimiento de una única y más fuerte especie mortal eso sería un progreso.[22]

2.5.2 La duración de la pena

Decía Nietzsche: "así, pues, para volver al asunto, es decir, *a la pena*, hay que distinguir en ella dos cosas: por un lado, lo relativamente *duradero* en la pena, el uso, el acto, el 'infortunio', una cierta secuencia rigurosa de procedimientos; por otro lado, lo *fluido* en ella, el sentido, la finalidad, la expectativa vinculados a la ejecución de tales formas". [23] Se ha presupuesto aquí sin más, *per analogiam* [por analogía], de acuerdo con el punto de vista capital de la metódica histórica que acabamos de exponer, que el procedimiento mismo será más antiguo que su utilización para la pena, que esta última ha sido *introducida* posteriormente en la interpretación de aquél (el cual ya existía desde mucho antes, pero era consumido en un sentido diferente), en suma,

---

[21] *Ibid.*, p. 100.
[22] *Ibid.*, p. 101.
[23] *Ibid.*, p. 102.

que las cosas no son como se han pensado, de alguna manera los genealogistas de la moral y del derecho se preocupaban que el procedimiento había sido creado para la finalidad de la pena, de igual modo, antes se imaginaba que la mano o cualquier otra parte del cuerpo había sido *inventada* para la finalidad de dar cumplimiento a una función establecida.

En lo que se refiere ahora al segundo elemento de la pena, al elemento filtrado, a su 'sentido', ocurre que, en un estadio muy tardío de la cultura (por ejemplo, en la Europa actual), el concepto de 'pena' no presenta ya de hecho un sentido único sino toda una suma de 'sentidos'. La anterior historia de la pena en general, acaba por materializarse en una especie de unidad difícil de diluir, de analizar y que, insistámoslo, resulta del todo *indefinible*. (Hoy es imposible decir con precisión *por qué* se imputan propiamente penas, siendo que todos los conceptos en que se conecta semióticamente un asunto entero escapan a la enunciación, sólo es definible aquello que no tiene historia).

2.5.3 Las diferentes concepciones de la pena

Las prisiones, las penitenciarías ¿no son las incubadoras que nos permiten dar una idea de cuán frágil, cuán excedido, cuán contingente es 'el sentido' de la pena y que con un mismo procedimiento se puede utilizar, interpretar y adaptar, para propósitos radicalmente diferentes?

El esquema al que Nietzsche llegó basándose en un material relativamente escaso, tomado al azar, establece a la pena como paro de la peligrosidad, como impedimento de un daño ulterior; como pago del perjuicio al damnificado en alguna forma (también en la forma de una compensación afectiva); como aislamiento de una rebelión del equilibrio, para prevenir la propagación de la perturbación; como iluminación de temor respecto a quienes la determinan y la ejecutan; como una especie de desagravio por las ventajas disfrutadas hasta aquel momento por el infractor (por ejemplo, utilizándolo como esclavo para las minas), y pena como apartamiento de un dispositivo que se halla en trance de arruinarse (a veces, de toda una rama, como ocurre en el derecho chino: como medio para mantener estable la pureza o para mantener un determinado tipo social).

> La pena como espectáculo, es decir, como violentación y burla de un enemigo finalmente abatido, pena como medio de hacer memoria, bien a quien sufre la pena -la llamada 'corrección'- bien a los testigos de la ejecución; pena como pago de un honorario, estipulado por el poder que protege al transgresor contra los excesos de la represalia; pena como responsabilidad con el estado natural de la venganza, en la medida en que razas poderosas mantienen todavía ese estado y lo reivindican como prerrogativa, pena como declaración de guerra y medida de guerra contra un enemigo de la paz, de la ley, del orden, de la dominación, al que, por considerársele peligroso para la comunidad, violador de los pactos que afectan a los presupuestos de la misma, por considerársele un insurrecto, traidor y rebelde de la paz, se le combate con los medios que proporciona precisamente la guerra.[24]

Un ejemplo contemporáneo y contundente es el caso de la guerra de los Estados Unidos de Norteamérica sobre el pueblo de Irak y las graves consecuencias primitivas y por lo tanto taliónicas de las que somos testigos con el reciente ataque terrorista (11 de marzo de 2004) en contra del pueblo de España.

> La pena, se dice, poseería el valor de despertar en el culpable el sentimiento del yerro, en la pena se busca el auténtico *instrumentum* de esa reacción anímica denominada 'mala conciencia', 'arrepentimiento de conciencia'. Más con ello se sigue atentando, todavía hoy, contra la realidad y contra la psicología: ¡y mucho más aún contra la historia más larga del hombre, contra su prehistoria! El auténtico remordimiento de conciencia es algo muy raro adecuadamente entre los delincuentes y malhechores que florezca con preferencia esa especie de sanguijuela patética.[25]

La 'mala conciencia', ésta raíz, la más funesta, mortífera e interesante de nuestra selva terrena, no ha crecido en esta tierra. De hecho, durante mucho tiempo no apareció en la conciencia

---

[24] *Ibid.*, p. 103.
[25] *Ibid.*, p. 105.

de los jueces o de los castigadores, nada referente a que aquí se tratase de un 'culpable' sino de un autor de daños, de un insensato fragmento de predestinación. Y aquel mismo sobre el que caía luego la pena, como un fragmento también de fatalidad, no sentía en ello ningún 'desconsuelo interno' distinto de lo que se siente cuando, de improviso, surge algo no deducido, un inesperado acontecimiento, (la hiperpotencia de la naturaleza), un bloque de piedra que cae y nos destruye y contra el que no se puede lidiar.

2.5.4 La mordedura de la conciencia

En una ocasión y de manera punzante, llegó esta idea hasta la conciencia de Spinoza[26] (para disgusto de sus intérpretes, que se *esfuerzan* metódicamente por entenderlo mal en este pasaje, por ejemplo, Kuno Fischer), cuando una tarde, acordándose quién sabe de qué cosa que le destacaba, investigó la cuestión que había subsistido en realidad, para él mismo, el famoso *morsus conscientiae* [mordimiento de la razón]. Él había puesto el bien y el mal entre las fantasías humanas y había defendido con furia el honor de su Dios 'libre' contra aquellos blasfemos que afirmaban que Dios hace todo *sub ratione boni* [por razón del bien] (pero esto significaría someter a Dios al destino y sería en verdad el más grande de todos los despropósitos).

Para Spinoza el mundo había retornado de nuevo a aquella inocencia en que se encontraba antes de la invención de la mala conciencia: ¿en qué se había convertido ahora el *morsus conciencie*? 'En lo contrario del *gaudium*, se dijo finalmente en una tristeza acompañada de la idea de una cosa pasada que ocurrió de modo contrario a todo lo deseable'.

Durante siglos los malhechores sorprendidos por la pena no han tenido, en lo que respecta a su 'falta', sentimientos distintos de los de Spinoza. Algo ha salido repentinamente mal y no: 'Yo no debería haber hecho esto nunca', por lo que se sometían a la pena y aceptaban la condena, como se somete uno a una enfermedad, o

---

[26] B. de Spinoza. *Ética demostrada según el orden geométrico*, CFE, México, 1996, pp. 136-137.

a una desgracia, o a la muerte, con aquella valiente desesperanza sin rebelión, sin lucha, donde toma el comando la pulsión de muerte, por el cual, por ejemplo, todavía hoy los orientales aventajan a los occidentales en el tratamiento de la vida.

> Cuando en aquella época aparecía una crítica de la acción, tal crítica la ejercía la inteligencia: incuestionablemente debemos buscar el auténtico *efecto* de la pena sobre todo en una intensificación de la inteligencia, en un alargamiento de la memoria, en una voluntad de actuar en adelante de manera más cuidadosa, más desconfiada, "perturbada", más oculta, en el conocimiento de que, para muchas cosas, uno es, de una vez por todas, demasiado endeble, en una especie de rectificación del modo de juzgarse a sí mismo. Lo que con la pena se puede lograr, en conjunto, tanto en el hombre como en el animal, es el aumento del temor, la intensificación de la inteligencia, el dominio de las concupiscencias: y así la pena *domestica* al hombre, pero no lo hace 'mejor', con mayor derecho sería lícito afirmar incluso lo contrario. (De los recelosos nacen los avisados', afirma el pueblo: en la misma medida en que el castigo vuelve avisado, vuelve también malo. Por fortuna, también vuelve, con frecuencia, bastante tonto).[27]

2.5.5 El tratamiento de la pena como mejoría

Una prueba más de que la problemática de la pena de muerte requiere un análisis interdisciplinario es el siguiente fragmento que trata de la salud–enfermedad mental de quienes son considerados "delincuentes" en un sistema que poco los ayuda a readaptarse–adaptarse:

> Nietzsche decía con respecto a toda esta especie de la receta sacerdotal, la especie 'culpable', está de más toda palabra de diatriba. Habría que ponerse de acuerdo sobre la expresión *ser ventajoso*. Si con ella quiere decirse que tal sistema de tratamiento *ha hecho* al hombre, entonces nada tengo que objetar: sólo añadir lo que para mí significa 'enmendado' –lo mismo que 'sujetado', 'debilitado' 'postrado', 'refinado', 'reblandecido', 'castrado' (es decir, casi lo

---

[27] Nietzsche. *Op. cit.,* p. 106.

mismo que dañado). Pero si se trata principalmente de enfermos contrariados, deprimidos, tal sistema pone al enfermo *más enfermo*, aun suponiendo que lo ponga 'mejor'; pregúntese a los médicos de maniáticos qué consecuencia trae siempre consigo una aplicación metódica de tormentos reparadores, remordimientos y espasmos de redención. Pregúntese asimismo a la historia: en todos los lugares en que el oficiante ascético ha impuesto ese tratamiento a los enfermos, la condición enfermiza ha crecido siempre en profundidad y en extensión con una rapidez siniestra. ¿Cuál fue siempre el 'triunfo'? Un sistema nervioso desgarrado, añadido a todo lo demás que ya estaba mórbido y esto tanto en el más grande como en el más pequeño, tanto en el individuo, como en las masas.[28]

2.6 MARCUSE, FOUCAULT Y ROZITCHNER: LA REPRESIÓN

2.6.1 La concepción del eros y thánatos

Nuestro estudio se refuerza con *Eros y civilización*, de Herbert Marcuse. Su importancia no estriba sólo en su postura crítica, por ejemplo, en relación con el revisionismo neofreudiano sino por haber planteado diversos temas medulares con respecto a conflictos y problemas inherentes a la realidad del hombre contemporáneo, con un arraigo en cuestiones profundas como la misma relación identificada entre eros y thánatos.

Es pertinente la referencia a consideraciones del propio Marcuse con respecto al sentido de este estudio en particular. En un prólogo escrito en 1961 sostiene que "el concepto de una forma de vivir no represiva ha sido invocado en este libro para mostrar que la transición a un nuevo estado de civilización puede implicar la subversión de la cultura tradicional, tanto en el aspecto intelectual como en el material, incluyendo la liberación de las necesidades y satisfacciones instintivas que hasta ahora han permanecido como tabúes y han sido reprimidas".[29]

---

[28] *Ibid.*, p. 182.
[29] H. Marcuse. *Eros y Civilización*, 4ª ed., Ariel, Madrid, 1999, pp. 9 -10.

Señala que su hipótesis ha sido sometida a malos comentarios, el más serio de los cuales se referiría a los cambios y precondiciones necesarios para el nacimiento de la nueva etapa a la que hace mención. Ante esto, Marcuse aclara con posterioridad:

> Subrayé desde el principio de mi libro que, en el período contemporáneo, las categorías psicológicas han llegado a ser categorías políticas hasta el grado en que la psique privada, individual, llega a ser el receptáculo más o menos voluntario de las aspiraciones, sentimientos, impulsos y satisfacciones socialmente deseables y necesarios. El individuo, y con él los derechos y libertades individuales, es algo que todavía tiene que ser creado, y que puede ser creado sólo mediante el desarrollo de relaciones e instituciones cualitativamente diferentes.[30]

Una existencia no represiva, dentro de la cual el tiempo de trabajo, es decir, la fatiga, se reduzca al mínimo y el tiempo libre se libere de las ocupaciones activas y pasivas del ocio impuestas sobre él, en interés de la dominación, sólo es posible como resultado de un cambio social cualitativo, persiste Marcuse.

Empero, afirma en la misma obra que "las conclusiones de esta posibilidad, y la radical tergiversación de valores que exige, debe guiar la dirección de tal cambio desde el principio y debe ser eficaz, inclusive en la construcción de las bases técnicas y materiales".[31] De ahí el énfasis del discurso marcusiano de que sólo en dicho sentido la idea de una gradual abolición de la represión es el *a priori* del cambio social mientras que en los demás aspectos sólo puede ser la consecuencia.

2.6.2 La sublimación no represiva

Una propuesta explícita de Marcuse es su noción acerca de una "sublimación no represiva", en la que, por ejemplo, los impulsos sexuales, sin perder su energía erótica, trascienden su objeto inmediato y encienden las relaciones normalmente eróticas y no eróticas entre los individuos y entre ellos y su medio. Así, habla

---

[30]   *Ibíd.*, p. 10.
[31]   *Ídem.*

de una "desublimación represiva" y de liberación de la sexualidad en modos y formas que reducen y debilitan la energía erótica.

Otro eje teórico se relaciona con Michel Foucault, en su obra *Vigilar y castigar. Nacimiento de la prisión*, en la cual reflexiona acerca de los mecanismos del poder y de un cambio de fondo en su actitud punitiva; ya no se perseguiría castigar al cuerpo, es decir, se ha atenuado la severidad de las penas físicas, pero afirma: "Puesto que ya no es el cuerpo, es el alma. A la expiación que causa estragos en el cuerpo debe suceder un castigo que actúe en profundidad sobre el corazón, el pensamiento, la voluntad y las disposiciones".[32]

El texto de Foucault permite hacer un recorrido a lo largo de distintas perspectivas históricas sobre el castigo, en particular el que se deriva de la creación de instituciones penales y carcelarias. En este rubro, insiste en poner de relieve los efectos del propio sistema carcelario, como el que vuelve natural y legítimo el poder de castigar, aunque también rebaja el umbral de tolerancia a la penalidad.

Asimismo, con un peculiar sentido crítico, establece que "en su función, este poder de castigar no es esencialmente diferente del de curar o de educar. Recibe de ellos y de su misión menor y menuda, una garantía de abajo; pero que no es menos importante, ya que se trata de la técnica y de la racionalidad. Lo carcelario 'naturaliza' el poder legal de castigar, como 'legaliza' el poder técnico de disciplinar".[33]

---

[32] M. Focault. *Vigilar y castigar, Nacimiento de la prisión*, Siglo XXI, México, 1999, p. 24.
[33] *Ibid.*, p. 309.

2.7 KANT, LOCKE, FEUERBACH Y ROMAGNOSI: EL IMPERATIVO - LA VIDA

2.7.1 El progreso moral de las formas y métodos para aplicar la pena de muerte

Existe una forma de acción espiritual que se puede sintetizar con el nombre de *conciencia moral.* Ésta conforma cierto número de principios en virtud de los cuales los seres humanos rigen su vida, acomodan su conducta a ellos y por otra parte, tienen una base para formular juicios morales acerca de sí mismos y de cuanto les rodea.

Es pues, la *ley moral,* cuya conciencia tenemos inmediatamente (desde el punto en que fijamos máximas a nuestra voluntad) la que se ofrece *primeramente* a nosotros y la razón, presentándonosla como un principio de determinación que debe prevalecer sobre todas las condiciones sensibles y que aún es a ellas del todo independiente, nos lleva rectamente al concepto de libertad.[34]

Dicha conciencia moral es un acaecimiento, un hecho de la vida, tan cierto, tan imperturbable, como el hecho del conocimiento.[35]

La pena de muerte, como gran tema de discusión, mantiene dos vertientes: por un lado, el aspecto de las "técnicas" elegidas para dar cauce a la pena capital, en la que, como señala Juliana González: "ha de reconocerse a la vez que *hay progreso* moral en las formas y los métodos de concebir y aplicar la pena de muerte [sin embargo] cada nueva modalidad conlleva mal y sufrimiento porque siempre se trata de lo mismo: condenar, torturar y matar".[36] Y por el otro, la improcedencia ética y la necesidad de la abolición de esta forma de castigo que atenta contra un imperativo ético fundamental: el respeto a la vida humana.

---

[34] I. Kant. *Crítica de la razón práctica,* Biblioteca de los grandes pensadores, Barcelona, 2002, p. 36.

[35] G. Morente. *Lecciones preliminares de filosofía,* Porrúa, México, 2000, p. 229.

[36] J. González. *Op. cit.,* p.122.

2.7.2 El imperativo categórico para preservar la vida

Expondremos que para Kant una voluntad es plena y objetivamente pura, moral, valiosa, cuando sus acciones están conducidas por necesidades auténticamente categóricas que dentro de su filosofía son los únicos imperativos morales.

Ahora bien, todos los imperativos decretan, ya hipotética, ya categóricamente; la necesidad práctica de una acción posible, como medio de conseguir otra cosa que se quiere o que es posible que se quiera. El categórico es el que representa una acción por sí misma sin referencia a ningún otro fin como justamente necesaria. "Toda ley práctica representa una acción posible como buena y por tanto, como necesaria para un sujeto capaz de determinarse prácticamente por la razón".[37]

Si queremos emplear la razón, entonces en toda acción existe una materia y una forma, y la materia de acción es aquello que se hace o se omite. En cuanto a la forma de la acción es el porqué se hace y el porqué se omite. Debido a que una acción expresa una voluntad pura y moral, no toma en cuenta su contenido empírico, pues se realiza solamente por respeto al deber, es decir, como imperativo categórico y no como hipotético.

> Mas ese respeto al deber es simplemente la consideración a la forma del "deber", sea cual fuere el contenido ordenado en ese deber. Y esta consideración a la forma pura, le proporciona a Kant la fórmula conocidísima del imperativo categórico, o sea la ley moral universal, que es la siguiente: Obra de manera que puedas querer que el motivo que te ha llevado a obrar sea una ley universal. Esta exigencia de que la motivación sea ley universal vincula enteramente la moralidad a la pura forma de la voluntad, no su contenido.[38]

Cuando Kant parte del concepto retributivo de la pena, según el cual la función de la pena no es la de prevenir los delitos sino, puramente, hacer justicia; es decir, hacer que haya una perfecta

---

[37] B. Regueira. *Antología de ética*, UAEM, Toluca, 1995, p. 123.
[38] *Ibid.*, p. 232.

correspondencia entre el delito y el castigo (se trata de la justicia como igualdad, que los antiguos llamaban "igualdad correctiva"), sostiene que el deber de la pena de muerte corresponde al Estado y es un imperativo categórico, no hipotético, basado en la relación medio-finalidad.

La dignidad de las personas en la doctrina kantiana sobre el valor supremo o la dignidad de las personas, puede ser tratada brevemente, ya que se agrega un poco a lo que ya hemos examinado con anterioridad. La siguiente es la página más famosa que manifiesta el punto de vista de Kant sobre el castigo al que el homicida se hace merecedor:

> Si ha cometido un asesinato, tiene que morir. No hay ningún equivalente que satisfaga a la justicia. No existe *equivalencia* entre una vida, por penosa que sea, y la muerte, por tanto, tampoco hay igualdad entre el crimen y la represalia, sino es matando al culpable por disposición oficial, aunque ciertamente con una muerte libre de cualquier ultraje que convierta en un espantajo la humanidad y la personal del que la sufre.- Aún cuando se disolviera la sociedad civil con el consentimiento de todos sus miembros (por ejemplo, decidiera disgregarse y diseminarse por todo el mundo el pueblo que vive en una isla), antes tendría que ser ejecutado hasta el último asesino que se encuentra en la cárcel, para que cada cual reciba lo que merecen sus actos y el homicidio no recaiga sobre el pueblo que no ha exigido este castigo: porque puede considerársele como cómplice de esta violación pública de la justicia.[39]

En esta página la idea de la dignidad de un hombre aparece sólo para excluir cualquier agresión y brutalidad apoyándose en la sentencia de muerte y su ejecución. Para Kant, la dignidad de un hombre subraya la idea completa de una sociedad de personas

---

[39] A. Schweitzer's. "The Ethics of Reverence for Life" (winter,1936), Christendom I, no. 2, 225-239; en Tom Regan *et al. Matters of life and death, New introductory essays in moral philosophy*, North Carolina State University at Raleigh/ Random House, New York,1980, p. 153 (La traducción es nuestra). Kant, Immanuel,. *Crítica de la razón práctica*, Trad. Antonio Zozaya, Biblioteca de los grandes pensadores, Barcelona, 2002,149 pp.

libres y racionales, que se someten a la autoridad de la ley, la cual incluye el castigo a crímenes. En conformidad con el castigo "un ser humano no puede ser manipulado meramente como un medio de los propósitos de alguien más, su personalidad innata lo protegerá contra este trato.[40]

De mayor importancia para nuestros propósitos, es la manera en que el texto anterior muestra que un principio de castigo justo sólo subraya la creencia de Kant, de poder castigar al homicida con la muerte. Esto es recordado por el punto de vista de Locke (considérese el peso que Locke agregó a la idea de que los crímenes "merecen" la pena de muerte) y es probablemente un eco también de la antigua ley de venganza, *lex talionis* ("una vida por una vida").

La gran diferencia entre Kant y Locke radica en que el segundo piensa que es adecuado tomar en consideración no sólo el castigo justo sino, también la defensa social para imponer los castigos adecuados; mientras que Kant sin duda excluye la última, a partir de dos principios morales: la dignidad o el valor de cada persona, como una criatura racional, y el principio del castigo justo, que los concibió intrínsecamente unidos. Lo último sobre estos principios lo formuló de la siguiente manera:

> ¿Qué tipo y qué grado de castigo la justicia pública legal adoptará como sus principios y estándares? Ningún otro que el principio de igualdad (...) que es el principio de no tratar un lado más que el otro. Por consiguiente, cualquier inmerecido demonio que infrinjas en alguien, sobre todo entre la gente, es algo que te haces a ti mismo. Sólo la ley de retribución (...) puede determinar exactamente el tipo y el grado del castigo (...) todos los otros estándares fluctúan de un lado a otro y debido a consideraciones irrelevantes son mezcladas con éstos, por esto no pueden ser compatibles con el principio de pura y estricta justicia legal.[41]

---

[40] I. Kant. *La Metafísica de las Costumbres*, Tecnos, Madrid, 1989, pp. 168–169.

[41] A. Schweitzer. *The Teaching of Reverence for Life* (1995), p. 12; en Tom Regan *et al. Op. cit.,* p. 154 (La traducción es nuestra).

Aunque Kant no hace hincapié de ello en el pasaje anterior, es perceptible que aceptó que en la práctica real, distribuir proporcionalmente el castigo a crímenes no es tan simple como su principio de retribución parece implicarlo. Una persona merece ser castigada, según Kant, sólo cuando no haya disculpa o justificación para su conducta criminal, por ejemplo, en virtud de que sea "vicioso en secreto", o cuando alguien tiene "deseo racional" para matar a otra persona que es enteramente inocente y no merece daño alguno [como en el caso del asesinato de infantes].

Si los criminalistas modernos están en lo cierto, la mayoría de los crímenes no se cometen por personas de quienes su estado mental puede ser descrito como Kant lo refiere. La criminología empírica (clínico, experimental) nos demanda evaluar y verificar acepciones correspondientes a la Psicología (motivación, intención, estado mental) de cada persona que comete homicidio.

La teoría de Kant está formulada de principio a fin sin considerar del todo la acepción empírica, su posición es más abstracta y teorética, argumenta en efecto que si alguien racionalmente desea la muerte de un individuo inocente y actúa con esta intención, entonces esta persona debe ser condenada a muerte. Esta doctrina abstracta es poco consciente de la realidad descrita por los científicos sociales y clínicos, la cual refiere lo siguiente: en alguien que perpetra actos criminales violentos de manera racional, esto es deliberadamente, es posible aceptar la teoría de Kant, de sólo castigar un asesinato con la pena de muerte y al mismo tiempo oponerse a la ejecución real de cada asesino convicto, una posibilidad que Kant parece haber pasado por alto, debido tal vez a su no familiaridad con la psicología criminal, del estado social primitivo conductual y las ciencias actuales del hombre.

Si debemos aceptar la doctrina de Kant del castigo justo, podemos examinar algunos de los principios de venganza que se refieren a la controversial pena de muerte.

En el transcurso de la presentación de los puntos de vista de Kant, hemos identificado ya tres aspectos con los cuales su teoría es endeble. Uno, su teoría es como la de Locke, éste asume que el castigo justo requiere la pena capital para el homicida, una acepción que puede ser injustificable y en algunos casos, no está probada. Otra dificultad es que, a diferencia de la teoría de Locke, Kant considera no dar lugar al rol de la defensa social en la justificación del castigo; por lo tanto uno no puede cuestionar si la defensa social requiere la pena capital para homicidas u otros criminales, de ahí que extienda moralmente el conflicto equívoco de infringir el castigo en ellos, pero uno debe ser capaz de debatir en contra del motivo del castigo, de esta forma se concede a Kant que la defensa social no puede ser la única consideración en el sistema del castigo justo.

Por último, la tercera objeción proviene del hecho de que la teoría de Kant es abstracta y empírica de principio a fin. Si tomara con mayor seriedad la idea de la dignidad del hombre, entonces deberíamos utilizarla sólo en el caso de un crimen real. Se rechaza el razonamiento de Kant en este sentido, ya que es inaplicable a la luz de los hechos reales. Esta objeción a la teoría de Kant nos dirá qué hacer sólo con los homicidas idealmente racionales; sin embargo, necesitamos una teoría que nos diga cómo enfrentar a personas reales que han cometido homicidios y hacerlo de la manera que reconozcamos nuestra humanidad común, tanto con las víctimas como con los victimarios.

Según Bedau; las injusticias a las que todo sistema social está propenso se basan en la sabiduría de la auto-restricción en los ejercicios de violencia, especialmente cuando son cometidos en el nombre de la justicia.[42]

Más recientemente, cuando se promulgó el derecho a la vida como parte de la Declaración Universal de los Derechos Humanos, se incluyó como un derecho propio y por consecuencia, en términos kantianos, como un *imperativo categórico*; es decir, se debe preservar la vida y la dignidad de los seres humanos, al margen de cualquier finalidad o acción ulterior posibles. Por tanto, la

---

[42] T. Regan *et al. Op. cit.*, pp. 153-155. (La traducción es nuestra).

preservación de la vida queda, retomando el planteamiento del propio Kant, como un asunto que ha de hacerse por sí mismo, en tanto mandato de la razón.

El siglo XVIII se conoce como el *Siglo de las Luces, de la Ilustración o la razón*. Aquí la razón se convirtió en la pregunta central y el nivel más alto se alcanzó con Emmanuel Kant. Su teoría sostiene que la pena no es un medio sino un fin, pues subrayó que según la razón, el hombre debe ser considerado como un fin en sí mismo y su medio es contrario a la moral.

En cuanto a las dificultades en la teoría de Locke, 'hay varias objeciones para clasificar la teoría sobre el derecho a la vida de Locke, dos de ellas merecen ser mencionadas aquí. Primero, subrayaré que la doctrina de los derechos naturales de Locke que son totalmente independientes, están impresas en dos importantes acepciones. Una es que la ley del castigo es necesariamente para la defensa social'.[43] La otra es que la justicia requiere una retribución, para que el castigo se imponga de acuerdo al crimen. El resultado de estas creencias es que el castigo por un homicidio y por otros crímenes debe ser la pena de muerte.

Lo importante del conocimiento sobre la pena de muerte es que éste es tan grande como cualquiera de las razones que atentan contra la vida y estas pasaron de nueva cuenta a mostrar que el castigo justo y la defensa social son el pago de las objeciones morales y que en común pueden satisfacerse, por lo menos en algunos casos con la pena de muerte dentro del círculo taliónico. Si no se puede mostrar que el castigo justo para los asesinos haga perder la vida a través de la pena de muerte y que la defensa social hace lo mismo, entonces el argumento de Locke concluye que un homicida (o cualquier otro criminal) pierde su derecho a la vida. Es extremadamente importante comprender esta crítica, ya que no hay ningún rasgo intrínseco de cualquier derecho, incluyendo el derecho a la vida, que haga perder a este sujeto a través de la pena de muerte.

---

[43]   *Ibíd.,* p.152 (La traducción es nuestra).

Las únicas bases para sostener que algún derecho está perdido o violado por la sociedad, es cuando ésta castiga a un homicida con la muerte. El castigo justo y la defensa social en conjunto requieren la pena de muerte para este tipo de delincuentes. Si los anteriores requisitos se convierten en falsos e insustanciales, o dudosos, cuando el reclamo de los derechos de vida de un criminal se han perdido, entonces se convierten igualmente en falsos, insubstanciales y dudosos.

Por consecuente, se da la necesidad de la pena de muerte sólo por castigo justo o defensa social, incluso si se concluye que un homicida u otro delincuente pierde el derecho natural a la vida, no quiere decir que un homicida debe ser condenado a muerte. Ésta es la segunda objeción. La conciencia de la pérdida no sostiene la idea de que, una vez que una persona pierda el derecho de algo, entonces aquel quien perdió tiene la obligación de quitar algo de la otra persona. Esto con frecuencia se pasa por alto, por aquellos que insisten que la pena de muerte está justificada por las vidas que han tomado los homicidas.

Que alguien pierda el derecho a la vida no es lo mismo, que alguien pierda la vida, así como también, que alguien pierda el derecho a la vida no delega sobre cualquier otra persona el derecho a tomar su vida, tal como sucede cuando una persona continua poseyendo algo, por lo que él o ella ha perdido el derecho de posesión (por decir algo, dejar de renovar el arrendamiento de un domicilio que él o ella todavía habita). En este caso el gobierno puede decidir dejar a la persona que vive en ella, bajo la doctrina de la pena que "merece", en nuestro caso la pena de muerte, parecería que nada malo se ha hecho, a la víctima del criminal, al resto de la sociedad, o incluso al criminal.

Otra manera de verlo es la siguiente: a pesar de que la persona puede haber perdido el derecho a la vida, está dentro de nuestro derecho dejarla vivir. Al hacer esto, inevitablemente no sólo no violaremos ningún deber, además quizá no haya nada moralmente incorrecto en lo que hacemos, lo que sí es verdad, es que si una persona ha perdido el derecho a la vida y continúa viviendo no puede reclamar hacerlo dentro de la ley. En todo caso nosotros hacemos lo correcto al no matar a alguien que ha perdido ese derecho, por supuesto ésta es una cuestión que va más allá de lo superficial.

Bedau ha dicho bastante para demostrar que el hecho (si alguna vez es un hecho) de que alguien pierda el derecho a la vida, no requiere moralmente que sea condenado a muerte.[44]

2.7.3 La venganza taliónica

No hay que confundir el deseo de venganza con el deseo de justicia, ni tampoco con la ley del talión, que en su momento representó un avance ante el impulso destructivo expresado por la venganza sin límites. Todo hombre está presto a reafirmar sus derechos y a vigilar que no sean ofendidos por los demás, pero nunca se debe declinar este privilegio de la humanidad para tener sus derechos, defenderlos mientras sea posible, ya que desfavorecerlos significa tanto como desestimar su condición de ser humano. Por consiguiente, todos los hombres gozan del deseo de justicia y una aspiración de defender sus derechos, que también reclaman autoridad para dar satisfacción a los de otros hombres cuando hayan sido transgredidos. Al enterarnos de que se ha cometido alguna injusticia contra una persona nos sublevamos y estamos acuciosos por hacer experimentar al infractor lo que significa violar el derecho de otro.[45] La evolución de la defensa de los derechos humanos se ha colocado en el nivel más alto de la civilización y de manera permanente reclama restituir el orden perdido como principio universal, es por ello que la comunidad mundial tiende a la abolición de la pena de muerte.

El tema de la categoría de la pena la resuelve el legislador conforme al principio de autonomía: el mismo delincuente fija mediante su acto ese grado tanto cuantitativa como cualitativamente. Se conforma ese *ius talionis* que amenaza con una estricta correspondencia y en caso de transgredir, confiere a la sentencia

---

[44] *Idem.*

[45] I. Kant. *Lecciones de ética,* Crítica, Barcelona, 2001, p. 259.

y a la ejecución judicial, aquello que se ha merecido e incriminado en su acción libre. Con su actuar ha hecho suyo el castigo con que le amenazaba dicha ley del talión. También aquí el Estado es la institución del *suum cuique que* el delincuente obtiene aquello a lo que tiene derecho legalmente. Kant sostiene con razón que el criminal no se puede quejar del castigo, pues cuanto le ocurre lo hizo a sabiendas y ejercitando su libre albedrío contra el resto de los habitantes de su comunidad.

En esta teoría penal Kant presenta un *déficit* que él mismo se ocupa de hacer patente. En la distribución de las penas el Estado interpreta el papel de agente y repite la acción incriminada con arreglo al *ius talionis*. Evidentemente, el delincuente no puede lamentarse, al tratarse de algo proporcionado. Pero, por su parte, el Estado no suele ejecutar muchas veces la acción del criminal conforme a principios éticos, porque en ciertos casos obliga a cometer acciones inhumanas.[46]

En el estado de naturaleza de Kant no hay paz sino más bien guerra; no admitía el derecho a la resistencia de la opresión; afirmaba que la necesidad de la pena no mediatizaría al humano, porque era la única garantía de su tratamiento como persona. Por esto, la teoría kantiana de la pena es una teoría radical de la defensa social, pues la venganza talional es condición directa del estado civil fuera del cual el humano no es respetado como fin en sí mismo. "Kant cayó a través de una cadena de deducciones en la posición más extrema de que la afirmación de la venganza talional es condición esencial de la paz".[47]

En la misma corriente se encuentra Feuerbach, "quien en este campo fue más alto que el propio Kant, lo que se explica debido

---

[46] R. Brandt e I. Kant. *Política, Derecho y Antropología*, UAM-Plaza y Valdés, México, 2001, pp. 225–226.

[47] Filósofos como Immanuel Kant y John Stuart Mill pugnaron por una "igualdad de crimen y castigo" aunque más relacionada con la severidad que con una correspondencia textual. Aun así, el propio Kant sostenía que la aplicación de la pena capital procedería cuando se tratara de asesinato.

a la mayor especialización de Feuerbach en el saber Penal, su contribución al derecho penal liberal consistió en la profundización de la distinción entre moral y derecho y en el perfeccionamiento del perfil de la imagen antropológica en el saber penal apoyó más certeramente al liberalismo penal".[48] Para él, aunque alguien se encuentre en situación extrema sigue siendo libre; aunque sea esclavo no deja de ser libre mediante la razón.

2.7.4 El delito como agresión a la sociedad

Para Feuerbach, en el estado social, la pena es una fuerza que se opone al impulso criminal. Para Romagnosi, la sociedad no era un conjunto de individuos sino que era una realidad diferente: se insertaba como ley universal, a la cual llamó de competencia; "si la sociedad era una realidad diferente, la agresión continuaba, una vez consumada y agotada la agresión a la persona; esto estaba muy cercano a la idea de guerra de Hobbes y Kant".[49] Esto le permitió comprender que el delito no era una agresión a una sola persona sino que también podía dañar a la sociedad, quien se defendía por medio de la ley natural de la competencia.

Kant dio argumentos a los sectores del despotismo ilustrado, es decir, a la nobleza que pretendía introducir reformas racionales para evitar la pérdida de la hegemonía social. Feuerbach y Locke daban discursos útiles a los capitalistas, pues les reconocían derechos subjetivos naturales. Jean Paul Marat pese a no ser jurista, era médico e intervenía en la adaptación a quienes pretendían una revolución radical, la cual admitía que la pena más justa era la talional y reconocía la tesis contractualista afirmando que los hombres se reunían en sociedad para garantizar su derecho de llevar a las masas desposeídas a poder instaurarse en una sociedad igualitaria. Así, el contractualismo brindó tres posiciones políticas bastante diferentes: el despotismo ilustrado, la revolución capitalista y la revolución socialista.

---

[48]   E. Zaffaroni *et al. Derecho penal, parte general,* Porrúa, México, 2001, p. 266.

[49]   *Ibíd.,* pp. 267-268.

2.8 RICOEUR: LO JUSTO, LA INSTITUCIÓN Y LA LEY

2.8.1 Lo justo

Lo justo, dos extremos. Ricoeur dice siempre frágiles y provisionales. La justicia ¿Qué es? ¿Cómo interviene? ¿Para qué interviene? ¿Quién interviene? Para medir los excesos, los extremos, los opuestos, para vincular el justo medio dentro de la razón, pero sin el formalismo del kantismo. Por eso la intuición ricoeuriana prescinde del dogmatismo.[50]

¿Por qué la condena a muerte, como la más extrema sanción jurídica, se presta a tantas discusiones? ¿Por qué la controversia se presenta entre los más diversos discursos: político, religioso, filosófico, moral, periodístico, psiquiátrico, sociológico, entre otros? Se parte de una afirmación, la pena de muerte es un síntoma de la estructura del Derecho más allá de cualquier orden jurídico particular. Como lo menciona Ricoeur se trata de la adición de una sublevación a otra sublevación.[51]

El síntoma de la pena de muerte consiste en la impotencia del discurso del derecho para determinar desde su propia estructura la relación de la pena de muerte con la justicia. Si deseamos incursionar en él haremos estas preguntas: ¿Es justa en términos de derecho la pena de muerte? ¿merecen o no ciertos delitos por demás graves ser castigados con la muerte? Pero entonces ya no estaremos en el campo lógico del derecho sino en el discurso moral, donde las ideologías de todos los signos hacen su conveniencia.

Ahora bien, si se decide prescindir de esas actitudes, aun de aquella que se indigna ante la pena de muerte, queda alguna otra posibilidad de trascender el límite de la *doxa*, es decir, una opinión basada en un criterio subjetivo de valor. Debemos encontrar una argumentación que sea capaz de afrontar la prueba

---

[50] P. Ricoeur. *Amor y justicia,* Caparrós, 2ª ed., Madrid, 2000, p. 8.
[51] M. de Solemne. *Dialogue avec Ricoeur. Inocente culpabilité,* Dervy, Paris, 1998, p. 16.

de la *espíteme*, para que se fundamente sólo en significantes y no en significados; en otras palabras, si el derecho pretende además de ser justo asumir un carácter científico, es necesario que renuncie a sus fundamentos naturales, humanos, o divinos.

2.8.2 El concepto de institución

Por su importancia, resulta necesario anotar la definición de este término:

> He introducido la palabra institución porque me parece responder a este doble criterio: por una parte, toda la institución reenvía a una *Urstiftung*: a una primera instauración mítica, la institución significa que yo estoy ya instituido; por otra parte, pertenece a la institución que instaura libertades. Existe a la vez como instituido y como lo que instituye (...) Existe el instituido–instituyente, que es la mediación ética y a partir de ella pueden ser introducidas nociones como las de imperativo o ley. Pero habría, primero, que partir de algo más primitivo; de la necesidad de una transición a través de una especie de término neutro para que dos libertades puedan mutuamente erigirse como tales".[52]

2.8.3 La cultura y la alienación

Gran parte de nuestra vida social transcurre en coordinar roles, servicios, trabajos, obras que están débilmente personalizadas. De hecho, el trayecto que aquí rehacemos es el que Hegel ha recorrido indefinidamente bajo el título de 'espíritu objetivo'. Es necesario que las libertades sean matizadas por todo tipo de objeto práctico, que se expresen en lo que llamamos instituciones, en el sentido concreto de la palabra, ya sean familiares, jurídicas, económicas, sociales o políticas. Ciertamente podemos proponernos interiorizar cómo hacer íntimo este conjunto de relaciones objetivas, pero no se pueden engendrar a partir de este proyecto de intimidad. Otro texto de Hegel es muy esclarecedor en este aspecto: el comienzo del capítulo sexto de la *Fenomenología del espíritu* manifiesta la necesidad de que un hombre debe ser

---

[52] *Ibíd.*, p. 69.

arrancado primero, lanzado a alguna otra dirección, para que, a partir de ella, comience un proceso cultural.

Como lo ha mencionado Freud en el *Malestar en la cultura,* se puede incluso pensar en la estela de la *Filosofía del derecho*; es decir, en la posición fundamental para Hegel, entre lo económico y lo político. En lo económico, cada uno persigue algo que es su interés propio y que está ligado al de otro por una ley económica: es por contraste con esta ley 'exterior' como se constituye la esfera de lo político. Lo político sería el momento en que la ley de coordinación de la acción de todos sería interiorizada bajo las formas de una constitución que cada uno querría (es en esta conjunción donde se encontraría el fracaso de Hegel, según Marx). Sería, pues, según Hegel, en el ciudadano donde se realizaría la perfecta interiorización de la ley de todos convertida en la ley de cada uno, a coincidencia de la conciencia de sí con el espíritu del grupo.

Y aunque, como acusa Marx, Hegel no haga más que soñar con esta coincidencia, la intención de su análisis parte siempre de una relación anterior para interiorizarla, por consiguiente, para reconocer la necesidad inicial del momento de exterioridad, pues "para preservar este carácter predicativo y no sustantivo, de la idea de valor, habría que recordar siempre, como lo hacía Aristóteles, que es una preferencia, una 'proaïrêsis', que una cosa *valga más* que otra. Es en un 'valer–más' donde hay valor".[53]

2.8.4 La idea de la "ley"

Lo que es importante en la reflexión ética son los intermediarios, es decir, los medios que se encuentran entre el punto de partida 'libertad' y el punto de llegada 'ley'. Ricoeur ve en el kantismo una especie de cortocircuito entre dos extremos que lo constriñen a coexistir en un juicio sintético *a priori*, que no es en realidad más que un puro *factum*. Es necesario reintroducir todos los intermediarios. Sobre todo, Kant, al no considerar más que

---

[53] *Ibíd.,* p. 73.

el término de esta constitución de los conceptos, consagra la escisión misma. Es verdaderamente el imperativo el que aporta aquí las fallas en la idea de ley. Aquí también Hegel tiene razón contra Kant cuando declara que la crítica kantiana no es una ética sino simplemente la consagración de la división del hombre respecto a sí mismo, el *Urteil*, el juicio del 'entendimiento divisor'. El sujeto del inconsciente freudiano.

> Ricoeur en cuanto a la ley, señala en este punto, al término de esta génesis, donde colocó la idea de ley, con el momento terminal de una constitución de sentido que presupone los otros conceptos. Lejos, pues, de ser primero, el concepto de ley es, al contrario, el último del desarrollo propuesto. ¿Qué añade a las nociones de valores, de norma y de imperativo? Esencialmente, me parece, una exigencia de universalidad, una virtualidad de universalización.[54]

Aquí es donde se justifica la analogía con la ley de la naturaleza. Queremos decir con ello que no podemos quedar divididos nosotros mismos, tener conceptos para la acción simplemente yuxtapuestos a los conceptos implicados por el conocimiento de la naturaleza, nos permitirá conformar otra visión de cualquier problema humano.

2.8.5 La moral de convicción

Ricoeur intenta reorientar la reflexión en una tercera dirección, pero únicamente la esboza. ¿No habría que decir que no se debe querer unificar la ética y que su dominio debe quedar roto entre una moral de convicción, que es una moral de lo absolutamente deseable y una de responsabilidad, que es una de lo relativamente posible y también del uso limitado de la violencia? Reencontramos aquí de nuevo a Max Weber discutiendo con los pacifistas alemanes después de la Primera Guerra Mundial.

Quizá no haya que intentar unificar la ética sino dejarla en esta situación dialéctica, abierta, de la que diría que hace de la ética

---

[54] P. Ricoeur. *Op. cit.*, pp. 77-78.

una empresa *herida*. No se puede unificar la poética de la voluntad con su política, su utopía y su programa, su imaginación y ese ejercicio limitado de la violencia que es el uso del poder.

Aceptemos que los temas inherentes a nuestro objeto de estudio no son sencillos de abordar.

2.8.6 El abordaje de la pena de muerte

La modernidad poshegeliana, que aún continúa, aunque bajo la forma de discursos explícitos, con Baudelaire o Marx, supone el interés de los abolicionistas franceses que querían salvar su propia cabeza. Filósofos como Heidegger nunca abordaron el problema de la pena de muerte, pues en realidad consideraban que no debían hacerlo, como tampoco lo hicieron Sartre, Foucault y muchos otros. Lévinas sólo consagró una frase a ésta en 1987, después que fue abolida en Francia.

Quienes elevaron un discurso público contra la pena de muerte nunca la hicieron de forma estrictamente *filosófica*. A la vez poderosa y frágil, histórica y no natural, la fusión de la ontología con la teología política de la pena de muerte es también mantenida en una misma posición: *lo filosófico* (la metafísica o la onto-teología), *lo político* (al menos es aquí donde dominó el pensamiento político del Estado soberano) y el concepto "lo limpio del hombre", consistía en poder "arriesgar su vida" en el sacrificio de elevarse por encima de la vida, es decir en el valor, en su dignidad, más otro aspecto que vale más que la vida: pasar de la muerte hacia una "vida".

Ésta es la *epimeleia tou thanatou* de Platón, filosofía que ordena el ejercicio de la muerte; es la *dignidad* (Würde) incomparable de la persona humana que tiene un fin y no un medio, según Kant, trascendente en su condición de viviente, el cual es el *honor* que inscribe a la pena de muerte en su derecho; es la lucha por el reconocimiento de conciencias por el que pasó Hegel: el riesgo de su propia vida; es el ser-para-la-muerte el *Dasein,* que sólo puede *propiamente* morir, mientras que el animal, según Heidegger, pone fin y desconsuelo.

La pena de muerte será por otro lado, como la muerte de uno mismo, lo "limpio del hombre" en el sentido estricto. A riesgo de ofender a quienes no quieren entender, se puede decir que la pena de muerte siempre tiene respuesta a defensas profundamente "humanistas".

2.9 REFLEXIONES FILÓSOFICAS SOBRE LA PENA DE MUERTE

2.9.1 Pena de muerte *vs.* justicia

Cuando los países, mediante sus sistemas jurídicos, aplican la pena de muerte, asumen que se trata de un daño muy grave, irreparable, y que la consecuencia ha de ser directamente proporcional a dicho crimen. Con tal acción, sería pertinente preguntarnos qué se ha logrado: ¿hacer *justicia*?, ¿reparar el *daño*?, ¿dar una lección al victimario que ha dejado de existir?, ¿vengar el aniquilamiento de un inocente mediante la exterminación del otro?, ¿enviar un mensaje a la sociedad y a los homicidas, *de facto* o potenciales, acerca de lo que les puede suceder en caso de cometer el mismo delito?, ¿la sociedad en general y el ser humano, en su singularidad y en su alcance, han avanzado hacia un mejor estadio de la civilización?

Son interrogantes que no esperan *una* respuesta sino que tratan de conducirnos a la reflexión y en todo caso, como lo señalaba María Zambrano,[55] las preguntas pueden servirnos como método para penetrar en los hondos pozos de la razón y lograr el despertar del ser. Pero hagamos primero la segunda pregunta: ¿con la pena de muerte se ha logrado hacer justicia? Paul Ricoeur advierte que "en muchos sentidos, el castigo, sobre todo si conserva algo de la vieja idea de expiación, sigue siendo una forma atenuada, filtrada y civilizada de venganza".[56]

---

[55] M. Zambrano. *El sueño creador,* Turner, Madrid, 1986, p. 20.
[56] P. Ricoeur. *Op. Cit.*, p. 181.

2.9.2 La temporalidad como eje de estancamiento

El tiempo, como dimensión sociocultural, representa una categoría clave para entender por qué hoy en muchos países se mantiene no sólo la pena capital sino que muchas de las causas por las que ésta se puede aplicar parecen haberse detenido en el tiempo, pues existen sociedades como la china y la afgana, entre muchas otras, que continúan aplicando el aniquilamiento del ser humano por robo o adulterio de parte de las mujeres.[57] Se trata de una temporalidad que debe ser analizada desde la filosofía moral, pues de aquí se desprende parte de las dificultades que hacen que muchos países mantengan vigente su aplicación en la actualidad.

En este sentido, habría que retomar una de las interrogantes clave de María Zambrano: ¿desde dónde y hasta dónde trabajar con la racionalidad para no imponerla a la realidad y con ello matar la historia, la plena noción del tiempo y una mejor comprensión? Estas reflexiones conducen a revisar con mayor cuidado y con criterio histórico tanto la emergencia como el sostenimiento de la pena capital en muchos países y culturas.

2.9.3 El proceso abolicionista

En los últimos 30 años se ha acelerado un proceso abolicionista y se aprecian fuertes presiones internacionales para hacer que otros países eliminen de su código penal y constitucional esta pena taliónica. Tendríamos que analizar hasta qué punto el *tiempo* que viven otros países y culturas, que aún la mantienen, da cuenta de un *tiempo distinto* que se resiste a convencer sobre la adopción de esta medida.

Desde esta noción, parecería que si no entendemos el papel que desempeñan las *distintas temporalidades* históricas de cada pueblo y de cada persona trascendente, entonces pretendemos imponer, además de una forma de pensamiento, un *tiempo* que

---

[57] *Error capital, La pena de muerte frente a los derechos humanos*, Amnistía Internacional, Madrid, 1999, 221 pp.

marca su propio curso, su propio drama y su propia resistencia. Como se puede apreciar, en la actualidad, la discusión acerca de la pena de muerte presenta un amplio espectro que dificulta considerablemente tanto su análisis como la búsqueda de respuestas que nos convenzan. La intención de este proyecto de investigación es precisamente tratar de contribuir a su comprensión y su abolición.

CAPÍTULO III

MODELO CONCEPTUAL JURÍDICO

3.1 ANTECEDENTES

Durante miles de años la pena de muerte, estuvo vinculada al ámbito privado; la pena capital podía ser y de hecho era aplicada por alguno de los familiares de la víctima. Con posterioridad, con la emergencia de los poderes centrales en las civilizaciones más antiguas y de los consecuentes *corpus* jurídicos, esta "prerrogativa" se fue limitando hasta quedar en manos de una autoridad.

3.1.1 Códigos mesopotámicos

Los antecedentes más remotos acerca de su aplicación, ya como castigo en manos de una autoridad, se encuentran en los códigos mesopotámicos (hacia el año 2080), antes de Cristo. Las causas por las que se aplicaba eran, según Jean Imbert, el homicidio, el adulterio de la mujer, el incesto, la brujería y el robo, entre las más comunes. Las formas que se usaban para emplearla consistían en ahogar en agua, quemar con fuego y empalar.[58]

Tanto las causas o tipos de infracción que han llevado a la pena de muerte, como las formas de aplicar dicho castigo, no sólo han cambiado, sino que han estado íntimamente ligadas a la época, al tipo de gobierno y a la cultura, así como al desarrollo de la tecnología. Por ejemplo, durante la época de los faraones, en Egipto, toda ofensa hacia lo sagrado, y hay que recordar que algunos animales eran deidades, o una declaración falsa de ingresos, eran motivos suficientes para el máximo castigo.[59]

En tiempos remotos se castigaba con la muerte, ya fuera por venganza debido a un daño inferido por una persona, por deudas, etc. Sin embargo, en muchas ocasiones, la venganza era superior al daño sufrido.

Antes de la ley del talión, cuando un hombre asesinaba a otro, los parientes del asesinado tomaban venganza en la persona

---

[58]   J. Imbert. *La pena de muerte,* FCE, México, 1993, p. 13.
[59]   *Ibíd.,* p. 14.

del asesino y de toda su familia, de tal forma que lo que pudo haber sido una muerte provocada accidentalmente terminaba, como respuesta, con la masacre de toda una familia. Después de la ley talionaria, el incipiente Estado, representado por los reyes y los patriarcas, vigiló que la venganza no excediera al daño recibido. Las penas aplicadas fueron crueles y ejemplares, lo que consiguió reducir al mínimo la violenta venganza privada y generó el surgimiento de la venganza pública.

3.1.2 Las ideas penales

Los períodos por los que han transitado las ideas penales no se suceden de manera radical y definida, pues cuando surge el siguiente no puede considerarse desaparecido plenamente al anterior. En uno pueden existir múltiples posiciones en forma simultánea, pero enarbolando cada uno ideas opuestas y aun contrarias.

Asimismo, las diversas etapas históricas de la humanidad presentan un avance paulatino en la aplicación de castigos y cada uno responde a una determinada forma de pensar; sin embargo, la condena a muerte constituye una constante en casi todos las culturas.

3.1.3 La venganza privada

Este período, llamado también venganza privada o de sangre, se ubica en los remotos tiempos de la prehistoria y en el inicio de las primeras civilizaciones.

El impulso de defenderse de los agresores o vengarse del daño recibido es la razón esencial de toda venganza generada por un ataque injusto. La justicia no la impartía el Estado, ya que al principio no contemplaba entre sus incipientes funciones frenar la violencia privada. Cada particular, cada familia y cada grupo se protegían y hacían justicia por sí mismos. No toda venganza ejercida se puede considerar precedente de la represión penal moderna. Únicamente es relevante, como equivalente de la pena actual, la actividad vengadora que contaba con el apoyo de la colectividad misma, mediante la ayuda material y el respaldo moral hacia el ofendido, reconociéndole su derecho a ejercitarla. De lo anterior deducimos otro elemento esencial: la venganza privada se desarrolló dentro de un mismo grupo social, y a la violencia ejercida por una comunidad en contra de otra se le llamó *guerra*.

Las causas que podemos suponer más reiteradas en cuanto a la venganza privada, son el homicidio y las lesiones; delitos denominados de sangre debido a su naturaleza, aunque esto no implica negar la existencia de otros delitos de distinta intensidad y tesitura, como el despojo, la violación, etcétera.

3.1.4 La ley taliónica

Los vengadores, al ejercitar su reacción, solían excederse causando males mucho mayores que los recibidos. Por el bien del clan o de la tribu se formó la ley del talión: "ojo por ojo y diente por diente", el cobro por el daño hecho sería el mismo que el culpable cometió, ni más ni menos, todo en su justa medida. En caso de homicidio, establecía la muerte sólo a quien infringía la ofensa. Existe una falsa concepción acerca de la ley del talión, pues se cree que representaba una ley atroz y cruel, que buscaba únicamente satisfacer la venganza. En realidad, significó un gran avance del hombre para atemperar y mediatizar la venganza privada que era excesiva. Con posterioridad surgió el sistema de composiciones, según el cual el ofensor podía comprar al ofendido o a su familia, el derecho de venganza; en otros términos, para aplacar su justa ira y detener su violencia le daban a cambio algunos bienes que compensaran la ofensa: ovejas, bueyes, terrenos, entre una variedad de diversos bienes.

3.1.5 La venganza divina y pública

Al igual que los clanes y las tribus de la época prehistórica determinaron el orden y estructura del grupo, basado en su visión del cosmos y un sistema de creencias, que llamaron "venganza divina", las primeras civilizaciones también basaron su organización social en un sistema teocrático, aunque más elaborado, ajustado al tamaño y características de la comunidad establecida en la ciudad. Conforme los Estados se consolidaron, comenzaron a distinguir los delitos privados de los delitos públicos, según el hecho que lesionara de manera directa los intereses de los particulares o el orden público. A esto se le ha llamado la "venganza pública".

Una vez que surgió, para regularla y aplicarla se creó la institución de los jueces, que les concedía el poder de conocer y valorar los hechos, así como de resolver el castigo que se aplicaría al infractor. Así, los tribunales tenían amplias y poderosas facultades para incriminar, incluso, hechos no previstos como delitos en las leyes. Como es natural, los juzgadores abusaron de estas limitadas atribuciones, ya que generalmente las ponían al servicio de los déspotas y los tiranos a cambio de prebendas.

3.2 RELACIÓN VÍCTIMA–VICTIMARIO

3.2.1 La categoría del daño

La categoría *daño* implica o alude, en una visión esquemática y simplificada, a dos actores principales: la víctima y el victimario. El primero, por acción del victimario, ha recibido un daño directo o indirecto que tiene carácter de falta máxima o irreparable. En el extremo, la víctima puede ser objeto de un daño tal que le quite lo más preciado y bioéticamente defendible: la propia vida o la de un ser vinculado a él. ¿Qué tipo de pena le corresponde o es éticamente justa a quien ha arrebatado la existencia de otro ser o de otros seres humanos?

A continuación se presenta un cuadro en el que se puede apreciar el proceso daño-víctima-castigo de la ley Taliónica:

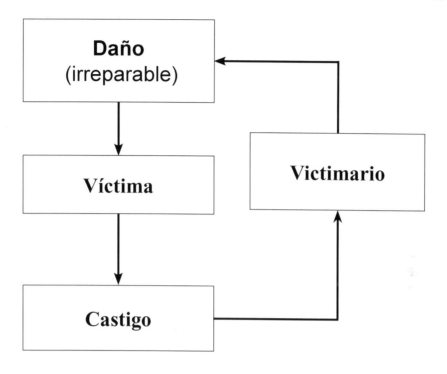

Como se ha señalado, antes de que surgiera un tipo de autoridad sobre el individuo, el castigo era propinado por la víctima o por alguno de sus familiares. Pero esto generaba que poco después de emprendido el circuito daño-venganza-castigo por mano propia, se prolongara el esquema de venganza y de aniquilamientos mutuos, hasta llegar a las guerras intestinas que amenazaban con desaparecer al grupo o a la comunidad. Con el surgimiento de una autoridad central, apoyada en leyes fácticas o prescritas, emergió un elemento encargado de analizar y juzgar los delitos: la condición de víctima-victimario y de tasar el tipo de pena que correspondía a cada delito. Conviene recuperar un planteamiento de Ricoeur cuando advierte que no podemos dejar de cuestionar el sentido de castigar como una manera de hacer sufrir y en el caso de un asesinato, de una ofensa más grave, de qué manera el castigo restablece el orden, pero no devuelve la vida.[60]

---

[60] P. Ricoeur. *Lo justo,* Caparrós, Madrid, 1999, p. 188.

El establecimiento de la verdad procesal por el método *inquisitivo* fue fenómeno pendular, cuya oscilación cesó en el siglo XIII europeo, instalándose para no retroceder en la confiscación de la víctima y en la consiguiente degradación de ésta y del victimario, considerados como protagonistas de una señal que habilita la intervención del poder.

En el proceso instaurado en contra del sujeto criminal, el juez tomaba conocimiento de los hechos acaecidos con ayuda de sus secretarios y escribanos y encomendaba la acción de torturar a verdugos profesionales.

3.2.2 La tortura como medio para declarar la verdad

La tortura era una cuestión preparatoria en el proceso, acto en el que el juez se enteraba de lo sucedido; esto es, no era un fin perseguido por la ley sino un medio para descubrir la verdad, aunque los torturados no siempre eran encontrados culpables y ejecutados, pero generalmente se trataba de un sufrimiento físico que precedía a la ejecución, y no sólo fue un medio para obtener revelaciones o confesiones. Para tal finalidad se crearon los calabozos, la argolla, la picota, la horca, los azotes, la rueda, el descuartizamiento, la hoguera, la decapitación, la marca infame por hierro candente, el garrote, los trabajos forzados y con cadenas, y un largo etcétera.

Las maneras en las que se llevaban a cabo las ejecuciones de los condenados fueron muy variadas; se aplicaban de acuerdo con la época y el lugar dónde se vivía, pues cada país o región era partícipe de determinado método de ejecución.

Los procedimientos de tortura eran considerados como parte del proceso de enjuiciamiento penal, pues se aplicaban en forma conjunta con los interrogatorios y si la víctima perecía a consecuencia del tormento, su muerte era una demostración palpable de su culpabilidad; sin embargo, los verdugos eran expertos en el arte de inferir daño a los procesados sin ocasionarles la muerte, incluso en este proceso surge "el arte de matar". Además el uso de la tortura era común y en muchos de los casos bastaba sólo mostrar al reo la sala de tormento, los verdugos y los instrumentos de tortura, para conseguir las confesiones y delaciones deseadas.

3.3 LOS PRIMEROS REGLAMENTOS PENITENCIARIOS

Los primeros reglamentos penitenciarios surgieron en el siglo XIX y consistieron en disposiciones de origen administrativo, que hacían necesarias directivas de trato que no podían alterar la naturaleza de la pena de la sentencia.

Los crímenes y la prisión tienen efectos que marcan gravemente a las personas y esto da al derecho de ejecución penal la función de reducirlos; así, el derecho de ejecución penal se obliga a ofrecer a la persona reducir su nivel de vulnerabilidad. En el Derecho Penal, la ejecución penal pretende fundarse como una ideología de mejoramiento. Esto entra en contradicción, pues la prisión es un lugar conocido ya como deteriorante, pues no mejora acción alguna ni convierte en *buena* a la persona. Y debido a que la ejecución penal es diferente a la sentencia, es importante que un tribunal siga la ejecución en todo su curso y tome decisiones.

3.3.1 El pensamiento político griego

Para los griegos, la conspiración contra el gobierno democrático de Atenas era causa suficiente para aplicar la pena capital. El pensamiento político griego se estructura sobre la base de la ciudad–estado, la cual tenía vínculos muy importantes: compartía aspectos culturales similares y políticamente era independiente.

Política y jurídicamente existían tres clases muy distintas en la población. La más baja, la *esclavitud*, era una institución prácticamente universal, pues en aquella época una tercera parte de la población ateniense era esclava. El segundo grupo eran los *metecos* o residentes extranjeros que, al igual que los esclavos, no tenían participación jurídica, pero eran libres y se les consideraba personas. Por último, estaban los miembros de la *polis,* quienes eran los únicos que intervenían directamente en asuntos políticos.

Grecia tenía una política muy bien fundada, en la que la pena de muerte era uno de los castigos más comunes para quienes infringían la ley. En una época en la cual no se justificaba plenamente la pena de muerte, con Sócrates o Platón, se le imponía una pena a los citadinos dignos de respeto, tal como lo revela la siguiente cita: "En ciertos crímenes particularmente graves, los cuerpos de los condenados eran lanzados debajo de las murallas de la ciudad. Así la persona perdía su derecho a una sepultura".[61] Mientras que para los romanos, el sujeto que movía los límites de su tierra también merecía la pena de muerte.

En la actualidad, por supuesto, esta relación entre el contenido del delito griego o romano y el castigo capital nos resultaría réprobo, cruel e inaceptable, pero la comprensión del sentido que entonces privaba, tanto en la conspiración como en la modificación de los límites, tendrían el equivalente de gravedad y de daño que se mantiene hoy en sociedades como la norteamericana, en torno a, por ejemplo, asesinatos múltiples que han cometido "homicidas plenamente identificados", o los ataques a las Torres Gemelas de Nueva York (11 de septiembre de 2001), en el cual perdieron la vida muchas personas inocentes.

Si consideramos que desde cada cultura y época la significación, más allá de la expresión denotativa que la identifica (robo, crimen, prostitución, brujería, incesto, pretenderse adivino o ser judío), la pena de muerte ha viajado a lo largo del tiempo con un sentido de castigo por una *falta muy grave o falta máxima.* No obstante, a esta significación se agrega otra categoría que reclama, también, un análisis detallado: el *daño.*

---

[61]   J. Imbert. *Op. cit.*, p. 20.

3.3.2 La visión del crimen y del castigo

La relación entre *delito* y *castigo* o pena ha llevado a una amplia discusión en torno a uno de los elementos que le subyacen: la visión taliónica, es decir, la búsqueda de una correspondencia tácita entre la gravedad del delito y el castigo; o en términos coloquiales, la búsqueda de la venganza revanchista. Este eje ha permanecido como premisa fundamental en casi todas las épocas, culturas y sistemas jurídicos, especialmente en la aplicación de la pena de muerte. Pero la díada crimen y castigo no sólo alude a la ley taliónica, sino que implica una categoría más profunda: la justicia. ¿Qué es la justicia?, ¿qué es justo?, ¿cuándo se hace justicia ante un delito, por grave que sea?

3.3.3 El poder de los jueces y los verdugos

La autoridad que se establece para juzgar los delitos hace que se genere un cambio importante, pues se abre por vez primera una distancia entre la víctima y el victimario. Se trata de un espacio, una brecha emocional, jurídica y conceptual que rompe con el circuito de la ley taliónica en manos de la víctima, que evita el círculo vicioso de aniquilamientos mutuos.

Precisamente, la autoridad central, el gobierno o más recientemente, el sistema judicial de los estados-nación, surgen para sostener el *status quo* y en caso de conflicto, para generar la restauración del *orden* por medio de leyes que siguen manteniendo la visión taliónica, pero que ahora la ejerce un tercer elemento que determina para su cumplimiento, los castigos y entre ellos, la pena de muerte.

El poder de los jueces y verdugos se acrecienta con el "perdón" y el "indulto" fenómenos en los cuales intervienen factores extrínsecos: políticos, psicológicos, etc. En el proceso que se sigue: en el juicio, la condena, las apelaciones, los aplazamientos, los indultos y en la ejecución hay implícitos actos de crueldad que implican una "cosificación" del hombre. En nombre de la sociedad se ejerce una violencia para, en apariencia, liberar a la sociedad de la violencia. Veamos el siguiente cuadro que ilustra como por la figura del Estado, se crea la distancia necesaria para evitar la destrucción entre la víctima y el victimario:

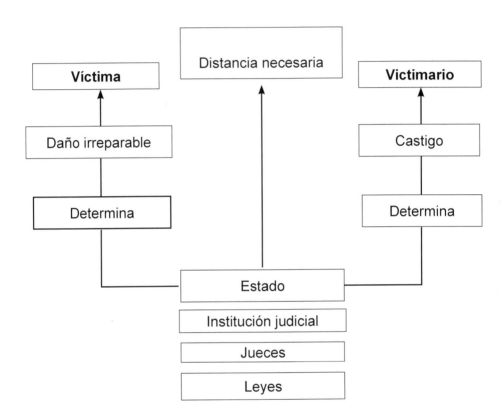

El psicoanálisis resuelve un dilema de la teoría criminológica: al irrealizar el crimen no deshumaniza al criminal, que puede ser para él la puerta abierta a lo real. Observemos en este punto la manifestación espontánea de ese expediente en la conducta del criminal y la transferencia que tiende a producirse sobre la persona de su juez; sería fácil recoger las pruebas al respecto.

3.4 ARGUMENTOS PARA JUSTIFICAR LA PENA DE MUERTE

3.4.1 La retribución o expiación

Durante los siglos XIX y XX se dan tres tipos de argumentos para justificar la pena de muerte. El primero es el carácter de *retribución* o *expiación* asociado con dicha pena, que restablece el orden eterno violado, así como para evitar el relajamiento del orden moral y defender el bien. Este argumento era utilizado en el siglo XIX por D'Hulst, Séller, Herbert y Kant. El término retribución se refiere al castigo dado a cambio de haber hecho algo malo, esta posición sostiene que debemos castigar a la gente simplemente porque lo merece. Tradicionalmente los teóricos de la retribución han considerado el castigo como un principio de justicia, por lo tanto los delincuentes deben sufrir de acuerdo al daño que han causado a otros. Los argumentos a favor de la pena capital comúnmente recurren a este punto.

Otra versión de la teoría de retribución asociada al castigo no como revancha, sino como respeto a las personas tanto criminales como inocentes, propone que el delincuente vivirá bajo las mismas limitaciones de libertad. Por ejemplo: cuando un ladrón roba tu automóvil, estéreo, dinero, entre otras cosas, toma una injusta ventaja sobre ti, rompiendo el balance de igualdad de limitaciones. Después, el estado lo castiga, pero es visto como un medio para restaurar el balance en la igualdad de limitaciones, para reafirmar el compromiso con la sociedad de un trato justo para todos. Esta versión de retribución está enfocada generalmente hacia las personas inocentes y las víctimas claman que el respeto de las partes requiere el castigo para aquellos que rompan el balance.

La otra parte de la teoría de la retribución se inclina hacia el respeto de los criminales. Los proponentes de la retribución con frecuencia discuten que castigarlos es lo mismo que tratar a los delincuentes sin respeto porque se les niega autonomía y la responsabilidad sobre sus actos. Mostrar respeto significa dar a la gente lo que merece, ya sea un premio o un castigo, negar el mérito a la persona que le corresponde es irrespetuoso, lo mismo sucede al negar el castigo a quien le corresponde es igualmente irrespetuoso. Ambas posiciones del respeto a la retribución pueden ser aplicadas a la pena capital.[62]

El segundo argumento es de carácter *disuasivo o intimidatorio* para impedir los actos delictivos. La visión disuasiva sostiene que debemos castigar para desalentar a los otros a cometer delitos similares; y al igual que la teoría preventiva tiene como objetivo minimizar el número de crímenes. Así cuando ladrones potenciales ven que él ha sido castigado por su crimen, no desearán robar. Disuadir tal vez es el argumento más común a favor de la pena capital y es el argumento en el que se enfocan aquellos que están en contra de la pena capital. Por el momento sólo observaremos que si el castigo no funciona efectivamente como forma disuasiva, será lo suficientemente severa e indeseable. Los delincuentes potenciales deberán estar atentos a los tipos y severidad de los castigos que les espera y se convencerán de que los recibirán si cometen alguna ofensa.[63]

Como tercer argumento, tenemos la postura *defensista*, que refiere la necesidad de la pena de muerte como última *ratio* para la defensa de la sociedad y la salvaguarda del orden público. Comienzan a aparecer los que pueden considerarse *abolicionistas condicionados* o *circunstanciales*; ellos plantean que esta pena es una institución de derecho natural, pero no siempre y en todas las circunstancias es necesario aplicarla. La posición de la justicia de prevención sostiene que debemos castigar para atestarnos de que el delincuente no repita su perjuicio o que nuevamente dañe a la sociedad. Aquellos delincuentes deben ser castigados, con el propósito de que no vuelvan a delinquir nunca más. La prevención es una de las justificaciones más comunes para la pena capital.

---

[62] J. Olen y V. Barry. *Applying ethics* (1998), 6ª ed., Wadsworth Publishing Company, UEA, 1999, p. 274-275. (La traducción es nuestra).
[63] *Ibíd.,* pp. 277-278.

3.4.2 La reacción social

Desde el punto de vista jurídico, la pena de muerte se concibe como la manifestación de la sociedad en contra de las desviaciones de principios establecidos por la comunidad. De hecho, se considera, cómo la desviación es la separación de la generalidad, apartarse de lo que la colectividad ha establecido como normal y bueno para todos. Cuando la conducta de un sujeto se aparta de lo señalado como bueno por el grupo, la sociedad reacciona, puede ir desde una simple molestia traducida en un extrañamiento o en una amonestación, hasta una agresión física extrema como la pena de muerte. Recordemos que la reacción social finalmente tiene influencia de múltiples factores, que son distintos en cada comunidad: religión, costumbres, contexto histórico, etcétera.

Una constante observable en la historia es la relación directamente proporcional que existe entre la desviación y la reacción. Cuando el individuo se ha separado de los valores sociales, la reacción también se ha expresado en igual proporción a su desvío.

3.4.3 El derecho a castigar

El contractualismo sirvió a la clase industrial que iba en ascenso, pero puso en desventaja a la nobleza en esa lucha de clases. El industrial francés Jean Paul Marat, quien fuera un revolucionario pese a no ser jurista, escribió un "Plan de legislación criminal"; en éste afirmaba que la pena más justa es la talional, y admitía que los hombres se reunían en sociedad para garantizar su derecho, pero que la violencia utilizada entre ellos los sometió y despojó de lo que les correspondía.

Un argumento contrario fue el liberalismo, pensamiento dominante en la región norteamericana, que rechazó el concepto de Estado que recibió de Europa y cuestionó los rasgos principales del contractualismo desde el individualismo ontológico hasta el formalismo legal y un concepto de Estado como algo superior a la dimensión humana. La revolución norteamericana se limitó a organizar el autogobierno de una sociedad ya establecida: no conocía la aristocracia ni los privilegios feudales y toleraba cualquier culto. Las expresiones teóricas más significativas se encuentran en los escritos de Thomas Paine, quien criticaba a las sociedades de modo muy parecido a Marat.

También son características las vacilaciones que se registran a lo largo del siglo XIX en la conciencia social, respecto del derecho de castigar. Seguro de sí mismo y hasta implacable, no bien aparece una motivación utilitaria, hasta el extremo de que el uso inglés en esta época considera al delito menor, así sea el de merodeo, como equivalente de la premeditación que define al asesinato, el pensamiento de los penalistas titubea ante el crimen en que aparecen instintos cuya índole escapa al registro utilitarista.

3.4.4 La concepción lombrosiana

La concepción lombrosiana en los primeros tiempos de la criminología, juzga atávicos los instintos porque hacen del criminal un superviviente de una forma arcaica de la especie, biológicamente aislable. Respuesta de la que se puede decir que deja traslucir, sobre todo, una regresión filosófica mucho más real en sus autores y que su éxito sólo se puede explicar por las satisfacciones que podía exigir la euforia de la clase dominante, tanto para su comodidad intelectual como para su mala conciencia. Las calamidades de la Primera Guerra Mundial marcaron el fin de tales pretensiones y con ello la teoría lombrosiana fue a parar al desván.

El encargado de castigar los delitos graves o las leyes que condenan, es el Derecho Penal, el cual, con el tiempo, y aunque aún no se conociera por este nombre, ha trascendido y evolucionado hasta la actualidad.

Resulta importante señalar que los jueces no toman la responsabilidad sino las agencias ejecutivas, en la medida del espacio que le conceden o que le arrancan a las agencias políticas (legislativas) y que el poder jurídico (judicial) no logra contener.

3.4.5 El absolutismo inglés

Thomas Hobbes, figura representativa del absolutismo inglés, tenía como defensa su famoso *estado de naturaleza* concebido como *bellum omnium contra omnes*en, en el cual los hombres depositaban su poder en un soberano, quien era el encargado de mantener el orden y la paz del Estado; de hecho, este filósofo planteaba que la ley era inexorable, pues de lo contrario se quebraba el contrato.

En el estado natural de Hobbes no hay derechos sino una regresión al salvajismo que nos conduce al absolutismo: "por malo que sea un estado civil, siempre será mejor que el salvajismo. Basta cambiar estado civil por civilización y guerra por salvajismo para llegar al racismo de Spencer".[64] El mérito de Locke consistió en que invirtió el pensamiento absolutista de Hobbes, en el cual el estado de naturaleza es de libertad y el estado civil facilita los inconvenientes de su ejercicio. El poder punitivo siempre limita la libertad y al legitimarlo se siembra la destrucción con los límites que traza. Esta fue la contradicción del liberalismo penal que facilitó la entrada del autoritarismo demoledor del liberalismo en los últimos dos siglos.

Los argumentos a favor de la pena de muerte sostienen que es un medio de control para evitar actos ilícitos y en caso de no serlo, castiga de forma tajante a quienes han cometido algún acto atroz. Pero ante todo es un medio de venganza de las víctimas y se emplea para que el criminal no vuelva a ejecutar un delito.

---

[64]   R. Zaffaroni. *Op. cit.*, p. 264.

3.5 ARGUMENTOS EN CONTRA DE LA PENA DE MUERTE

3.5.1 El derecho penal de carácter represivo

El derecho penal participa en todos los caracteres del derecho, pero debe diferenciarse, ya que es autónomo. Su característica principal es que debe contener el poder punitivo, pues es el que ejecuta la autoridad pública para brindar esta protección a la sociedad.

El derecho penal tiene carácter represivo y de acuerdo con Freud, cuando trata el tema de las pulsiones, este tipo de derecho se presenta como parte de la cultura, y según la comprobación histórica, el signo represivo debe invertirse: el poder punitivo aparece como una pulsión primitiva necesitada de represión para posibilitar la civilización. Los conflictos primariamente criminalizados deben afectar bienes jurídicos legalmente valorados en otros ámbitos del Derecho. En principio, el Derecho Penal no es discontinuo ni fragmentario, su saber debe abarcar todo el ejercicio del poder público para determinar cuál es el punitivo, dada la existencia de leyes con funciones penales latentes y otras eventualmente penales y la circunstancia de que el poder punitivo se define por exclusión.

La definición actual del derecho penal, de su sentido y su horizonte de proyección, siempre es precedida por múltiples concepciones. Sus horizontes cambian en función de revoluciones epistemológicas y mudanzas de paradigmas científicos. Lucha e interrogación son dos paradigmas alternativos en la búsqueda del conocimiento, entre los cuales se osciló hasta que se acentuó el segundo.

Si lo procesal fue previo y simultáneo, con este cambio de paradigma se convierte en una cuestión importante a otros efectos, donde basta señalar que, efectivamente, el paso de la alquimia a la química, de la astrología a la astronomía, de la fisonomía a la antropología, etc. Fue análogo a la transición que sufrió el establecimiento de la verdad procesal, pasando de la lucha o *disputatio* entre las partes, a la *inquisitio* o investigación por el soberano.

3.5.2 La verdad procesal y el santo oficio

El conocimiento de la verdad procesal se obtenía mediante combate a duelo entre partes (o su equivalencia simbólica) y el hecho de que una triunfara, probaba que Dios estaba de su lado (ordalía o prueba de Dios) y, por consecuencia, su afirmación era verdadera. Toda la ciencia o saber procedía del mismo modo: lucha contra la naturaleza para obtener la verdad.

> La *inquisitio,* en el ámbito procesal, se instaló primero con la burocratización de la Iglesia, cuando ésta se jerarquizó debido a la romanización; en los siglos posteriores, se acentuó la autoridad de la burocracia con respecto a los demás creyentes, hasta culminar en un apoderamiento total del saber y del poder, por parte de la misma, que ejercía controlando cualquier heterodoxia (herejía), mediante El Santo Oficio.[65]

La confiscación de la víctima en un proceso penal se convirtió en el modelo de solución de conflictos, que hizo de los actos de conocimiento científico, actos de poder sobre las cosas. Dicha confiscación degradó al hombre, pues lo hizo pasar de parte a objeto dominado. La civilización tecno-científica estableció la idea de que un ser humano, con la técnica, puede vencer cualquier límite.

3.5.3 El discurso penal

El discurso penal tuvo momentos de racionalización así como de pensamiento; con los siglos esto ha variado muchísimo. Después de la confiscación de la víctima, tuvo lugar la autoridad de los técnicos del Derecho, conocidos como *glosadores o prácticos*, quienes inauguraron una técnica de elaboración de

---

[65] Se oficializa en 1215, con motivo de la persecución de los "Cátaros" (*Cf.* Franco Cardini, p. XVIII; en R. E. Zaffaroni. *Op. cit.*, p. 250.

textos del antiguo derecho romano, con lo que se dio paso a la modernización.

Desde los primeros estudios italianos, el saber jurídico se extendió en toda Europa; aquí fue donde se introdujo la primera emergencia inquisitiva, en la que toda desviación del pensamiento y de la conciencia era conocida como herejía. Esto fue transformándose hasta el punto de controlar a las mujeres, a quienes se les imputaban pactos demoníacos o cosas similares. Lo único que provocaba esto era un peligro en la subsistencia de la especie y de esto trata el *Maellus Maleficarum (Martillo de las brujas)* en 1487; obra que es un verdadero sistema con bases empíricas, que por primera vez configura una exposición coherente e íntegra de lo que es el Derecho Penal y Procesal Penal con la Criminología y la Criminalística.[66] *Maellus* se mantuvo durante mucho tiempo, debido a su avance y alto contenido pensante; sin embargo, su nivel de racionalización se deterioró, dejando claro que todo aquel que criticara la tortura y la pena de muerte sólo así registraba su propia sentencia.

En 1701 se publicó la tesis de Christian Thomasius, quien desnudó al *Maellus,* motivando el pensamiento defensor al delito de brujería; este personaje tuvo antecesores como el jesuita confesor de las víctimas de la inquisición, Friederich von Spee von Lengelfeld.

3.5.4 El discurso político-penal

El derecho penal liberal, es decir, el inicio del discurso político que puso límites a la *inquisitio*, se inició en el siglo XVIII y se mantuvo hasta parte del XIX. Sin embargo, es en la segunda mitad del XIX cuando el derecho penal tiene su máximo crecimiento, las agencias policiales se separan de las judiciales, que tenían gran poder, y junto con el dominio de las agencias médicas, formaron un discurso penal que provocó la caída del pensamiento.

---

[66] R. Zaffaroni. *Op. cit.*, p. 157.

Cuando en el siglo XVIII surge la Revolución Industrial, la clase social creciente se propuso limitar el poder punitivo. El ascenso de los industriales y la decadencia de los nobles provocó un avance en el pensamiento del Derecho Penal, pues requirió un discurso jurídico limitador, que constituyó la versión funcional del Derecho Penal liberal.

Durante el siglo XVIII y parte del XIX, la prisión se consideró casi como la única sanción; las personas no podían ser sancionadas con la pena de muerte, más bien se generalizó el uso de la prisión y del manicomio, como instituciones fiscales y de secuestro.

3.5.5 La humanización del derecho penal

Los penalistas del contractualismo tenían que legitimar el poder punitivo y acotarlo. Ellos debieron explicar la transformación de las penas en la segunda mitad del siglo XVIII y la primera mitad del XIX; así, se pasó de las penas corporales a las penas privativas de libertad.[67] En este proceso de humanización del Derecho Penal, la privatización de la libertad era el eje central de las penas. A estas alturas se entendió que el delito era una violación contractual que debía ser indemnizada y así nacen las bases del Derecho Penal como discurso imitador de la punición, el cual pretende un debate acusatorio con derecho a la defensa.[68]

3.5.6 El salvajismo como justificación de racionalidad

En el siglo XIX, el saber penal alcanzó un alto nivel de pensamiento, pero bajo el signo contradictorio entre la necesidad de limitar y de legitimar.

Hobbes y Locke explicaron que en el siglo XIX se generalizó la idea de inferioridad: el primitivismo y el salvajismo, en los países colonizados, con hombres asalariados. Por ejemplo, se consideraba que un delincuente era un ser regresivo, atávico, o sencillamente un salvaje, que surge en medio de una civilización

---

67   *Ibíd.*, p. 72.
68   *Ibíd.*, p. 273.

superior y que tiende a desordenarla. Los acontecimientos históricos de esta época marcaron o revelaron lo antes mencionado: un gran salvajismo en medio de una sociedad civilizada.

En Europa comenzó a declinar el pensamiento en el momento en el que los legitimantes del poder social, como Kant, clasificaron a los humanos como salvajes civilizados, pues era lo único que justificaba su racionalidad. Al admitirse esto, se argumentó que "sólo la ley del talión puede ofrecer con seguridad la cualidad y la cantidad del castigo, pero bien entendido que en el seno del tribunal (no en su juicio privado); todos los demás fluctúan de un lado a otro y no pueden adecuarse al dictamen de la pura y estricta justicia, porque se inmiscuyen otras consideraciones."[69] Argumento que únicamente se empleó para los civilizados, los salvajes serían tutelados, controlados o colonizados.

El pensamiento penal comenzó a descender y llegó a su punto más bajo cuando el etnocentrismo se redujo a un biologismo racista, del cual nació la antropología y la criminología, que consideran al hombre como un ser inferior. Aquí el Derecho dejó de ser penal, para convertirse en un discurso funcional a las agencias policiales al servicio de las prácticas burocráticas.

■ La raza aria

Cuando se descubrió la raíz indoeuropea, se creó inmediatamente el término de raza *aria*, superior a las demás, pues el elemento ario se mantenía puro. Esta teoría, de Joseph Arthur de Gobineau, creador del racismo pesimista, también estaba a favor del esclavismo, fantasía aprobada y adoptada por Alemania.

Pero Gran Bretaña no podía soportar esta idea racista, así que Spencer planteó que la dialéctica era una lucha, es decir, la supervivencia de los más aptos era el motor de la evolución biológica y que el etnocentrismo derivaba del racismo puro.

---

[69] I. Kant. *La Metafísica de las Costumbres*, Tecnos, Madrid, 1989, p. 314.

Se puede citar al Estado nacionalista alemán, en el siglo XX, como la parte antimodernista que en su máximo esplendor nutrió a su nación con el racismo positivista, para configurar la "raza aria" como un mito. Para legitimar la persecución nazi a los judíos opositores, se manifestó que la defensa de la constitución era la defensa del sistema y que cuando estaba en peligro se desconocían sus limitaciones. Así surgió el socialismo que evidentemente era una amenaza para el sistema.

El penalismo del nacional-socialismo llegó a puntos no conocidos por el fascismo, ya que se basó en la comunidad del pueblo, las leyes nazis defendían la pureza racial frente a personas genéticamente "inferiores". Por esto, la pena no tenía un sentido preventivo sino sólo una defensa frente a cualquier delito. Se penaron los atentados a jerarcas, a las personas que sacaran bienes del país o a los que las mantuvieran fuera; las relaciones sexuales y los matrimonios interraciales; y se diferenciaron las penas de muerte: fusilamiento para militares, decapitación con hacha para delincuentes comunes y horca para los delitos políticos. También se impuso la esterilización como una medida preventiva y la castración para algunos delitos sexuales.

■ El colonialismo piadoso

Para Spencer el colonialismo era una especie de actividad piadosa que se le hacía a los pueblos más atrasados, pues sólo así podían alcanzar el mismo grado de civilización que los europeos. Como se aprecia, se planteaba que la raza humana más evolucionada era la europea y que su criminalidad era un accidente biológico que impedía que éstos alcanzasen su máxima evolución. En esa época, la selección de los criminales se basaba conforme a estereotipos nutridos de la apariencia física: *todo lo feo es malo*. En esta época, la ley llevaba a prisión a personas con características físicas desagradables, de acuerdo con la concepción lombrosiana.

Toda sentencia implica una pena que interviene en la existencia de la persona o expropia un tiempo de la existencia de ésta. La contradicción entre el tiempo físico de la condena y el tiempo existencial del padecimiento de la pena se pone de manifiesto cuando se pronuncian condenas que escasamente exceden el tiempo de la vida de las personas.

La autonomía del derecho de ejecución penal tiene por consecuencia que, al ser partícipe de los límites del poder punitivo, debe regirse como todos los principios que obligan al Derecho Penal en sentido estricto.

■ El idealismo deductivo

Como los seres humanos son tan diferentes, el Derecho Penal necesita un puente entre lo injusto y la pena, aunque cada teoría haya buscado un vínculo, con los fines que determinaba la pena. Por esto se presentan dos corrientes originarias o básicas: todas las que parten del idealismo deductivo o preventivismo disuasivo, que provienen de la ética tradicional y construyen un puente en la teoría del delito como culpabilidad, fundada en la autodeterminación del sujeto. Su origen data del siglo XVIII y reprocha el carácter, personalidad, conductas, etc., hasta llegar a negar por completo su raíz; reincide en la confusión entre el pecado y el delito; la moral y el Derecho; aparta al Derecho Penal del acto.

Se pueden individualizar teorías más o menos organicistas de la sociedad, que tienden a construir el nexo fuera de la teoría del delito, y de la teoría de la pena, *teoría del autor*. Aquí, el delito era pura imputación sintomática y la peligrosidad constituía el puente con el poder punitivo, debido a que el objetivo transpersonal era la defensa social.

3.5.7 La falibilidad institucional

La participación de una instancia ajena, no implicada directamente en el conflicto y que opera como juez, es decir, que trata de reconocer los ámbitos de participación de uno y otro (víctima-victimario), más la identificación de factores que pudiesen haber intervenido en el delito, no está exenta de falibilidad, aun contando con prescripciones jurídicas. A lo largo de la historia, hay casos que han evidenciado los errores en que ha incurrido el sistema jurídico de diversos países y para el caso de la aplicación de la pena capital, dicha falibilidad se torna aún más dañina y *violenta*, en tanto que es el propio Estado, encargado de procurar y administrar justicia, el que ha incurrido en un falta más grave, pues ha condenado a un inocente en forma irreparable.

Son muchos los casos en los que se ha demostrado que durante el proceso penal se pueden cometer graves errores que pueden llevar a la pena capital a personas inocentes. Desde asuntos elementales, como lo ocurrido en el estado de Texas, en 1998, en el que se dictaminó aplicar la pena de muerte a Joseph Jhon Cannon y Robert Anthony Carter, quienes al infringir la ley tenían 17 años y durante su infancia habían recibido serios abusos, privaciones y tenían daños cerebrales y limitaciones intelectuales que tendrían que haber actuado como atenuantes.[70] O el caso sucedido en el Reino Unido, en el que 46 años después de la ejecución de Derek Bentley, ocurrida en 1952, mediante ahorcamiento, se demostró que si bien Derek había cometido el delito que se le imputaba, era epiléptico, a consecuencia de haber recibido un golpe en la cabeza durante un bombardeo durante la Segunda Guerra Mundial y aunque tenía 19 años de vida, su edad mental en aquel momento era equivalente a la de una persona de 11 años.[71]

Ante estos pocos ejemplos devastadores ¿qué se puede argumentar a favor de la pena capital? No sólo se ha provocado la desaparición de una vida, su aniquilamiento sino que se ha sepultado la esperanza, pues como lo recuerda Paul-Louis Landsberg, al citar a Miguel de Unamuno: "La esperanza es el más noble fruto del esfuerzo que realiza el pasado para hacerse futuro, es lo que en el más propio sentido produce y le hace ser

---

70 Amnistía Internacional. *La pena de muerte, docto 5*, http://www.amnesty-usa.org/ailib/aireport/ar99s/intro/introduc-05.htm, Madrid, 1999.

71 Amnistía Internacional. *La pena de muerte, docto 4*, http://www.amnesty-usa.org/ailib/aireport/ar99s/intro/introduc-04.htm, Madrid, 1999.

efectivo".[72] En contraposición, otros delitos, igualmente graves, no han conducido (para bien) a la pena capital. Los factores que se asocian a este dictamen absolutorio, o de menor penalización, tienen relación con la etnia, la capacidad económica, la ubicación política, la raza y la "habilidad" de los abogados para operar el caso u obtener la benevolencia de los jueces.[73]

3.6 LA PENA DE MUERTE EN MÉXICO

Como se ha constatado, en la antigüedad ya existía la pena de muerte. En México, ésta existió durante el proceso de evolución del país; su historia nace simultáneamente, con la historia de la humanidad. Para comprender lo que esto implica, debe entenderse claramente el significado de la vida, puesto que quizá representa uno de los temas filosóficos más complejos que, desde el punto de vista jurídico, tiene mayores consecuencias.

3.6.1 Durante la época prehispánica

En México, durante la época prehispánica, los sacrificios humanos eran muy comunes en algunas culturas, mas no así en todas, entre los que sí la aplicaban podemos mencionar a los aztecas, los tlaxcaltecas y los mayas, quienes la consideraban un premio. Por ejemplo, en el *Popol Vuh* se lee que en el juego de pelota que se hacía para atraer a los "señores del infierno" (el sol y la luna) existía una regla en la cual todo el equipo ganador debía ser ejecutado, pues morir no era un castigo sino un acto privilegiado considerado como divino.

3.6.2 Durante la Conquista

---

[72] P. Landsberg. *Ensayo sobre la experiencia de la muerte, el problema moral del suicidio,* Caparrós, Madrid, 1995, p. 49.
[73] *Error capital, La pena de muerte frente a los derechos humanos,* Amnistía Internacional, 1999.

Con la Conquista, en 1521, llegó una nueva cultura que también impuso un nuevo concepto de la vida y la muerte. Los misioneros no querían que los indígenas continuaran con los sacrificios humanos, pues para ellos la muerte debía ser vista como castigo y sufrimiento, como una etapa de transición hacia una vida mejor o como un regalo de los dioses, llevando a la formación del Tribunal del Santo Oficio, constituido formalmente en México el 4 de noviembre de 1571, por el rey Felipe II, quien mostró a los mexicanos que la muerte era un castigo y que podía ser precedida por los más crueles suplicios.

3.6.3 Durante la Colonia

La pena de muerte impuesta durante la Colonia tuvo el apoyo de las autoridades de la Nueva España, la cual no se dedicó sólo a juzgar la herejía, sino también a los salteadores de caminos y las ideas liberales; por lo que a todo intento o ideas de formar una revolución se sentenciaba con la pena máxima; se puede mencionar el caso de Don Miguel Hidalgo y Costilla, fusilado el 24 de septiembre de 1810 por el edicto de excomunión, quien fue un reformador que deseaba la libertad y la independencia de nuestro país.

3.6.4 Durante la Independencia

Con la época de la Independencia, se inician cambios radicales, algunos positivos y otros negativos. En un principio y posterior a la abolición de la esclavitud por Morelos en 1810, la situación se agravó más llevando la trágica sucesión de leyes especiales que a partir del decreto del 17 de septiembre de 1823 estableció la pena de muerte para los bandidos que asaltaban en los caminos. Cuando en las luchas civiles, todos los de la fracción contraria al régimen eran considerados salteadores de caminos.[74] *La Constitución de 1857* la consideró un mal necesario que debía ser erradicado; en su artículo 23 se hace mención de la abolición de la pena máxima para los delitos políticos, extendiéndose

---

[74]   F. Arreola. *La pena de muerte en México,* Trillas, México, 2001, p. 102.

únicamente al traidor de la patria en guerra extranjera, al parricida, al homicida con alevosía, premeditación o ventaja, al incendiario, al plagiario, al salteador de caminos, al pirata y a los reos de delitos graves de orden militar.

3.6.5 Bajo el gobierno de Venustiano Carranza

En 1916 Venustiano Carranza decretó aplicar la pena máxima a quienes incitaran a la suspensión del trabajo en empresas destinadas a la prestación de servicios públicos y a quienes impidieran la ejecución de éstos. Fue hasta 1929, durante el gobierno de Portes Gil, cuando la pena máxima desaparece del catálogo de penas en el Código Penal de 1931 y continuando la línea de su antecesor y hasta la fecha dicha pena no se ha incluido donde las otras.[75] El artículo 14 de la Constitución dice: "nadie podrá ser privado de la vida, de la libertad o de sus propiedades, posesiones o derechos, sino mediante juicio seguido ante los tribunales previamente establecidos, en el que se cumplan las formalidades esenciales del procedimiento y conforme a las leyes expedidas con anterioridad al hecho."[76]

3.6.6 La abolición de la pena de muerte

La pena de muerte fue abolida en los siguientes estados: Colima, Michoacán, Nuevo León, Sinaloa y Veracruz. La única manera de decir que la pena de muerte no es aplicable en México sólo sería si el artículo 22 la derogara definitivamente.[77] Sin embargo, México no aplica la pena de muerte debido a que la legislación federal no la contempla desde que se suprimió en 1929. Para reimplantarla bastaría con que los estados la instituyeran en sus ordenamientos jurídicos.

---

[75] *Ibíd.,* p. 104.
[76] *Constitución Política de los Estados Unidos Mexicanos.* Trillas, México, 2003, p. 29.
[77] *Ibíd.,* p. 43. (Este artículo menciona que aún se conserva en la Carta Magna de México).

Hemos visto, en la historia, que la pena de muerte se ha usado como un instrumento de venganza pública. En México, durante la Inquisición y en otros países como Francia sirvió para que quienes ostentaban el poder se libraran de sus posibles enemigos o de sus enemigos reales. Los padres Miguel Hidalgo y José María Morelos son un ejemplo de lo sucedido en México. El párrafo tercero del artículo 22 de nuestra Carta Magna señala que "queda también prohibida la pena de muerte por delitos políticos"; si se aplicara en nuestro país, seguramente se aplicaría a reos políticos.

En los Estados Unidos de Norteamérica encontramos una lamentable realidad, que podría repetirse en México: sentenciar a muerte y ejecutar a un inocente.

3.7 REFLEXIONES JURÍDICAS SOBRE LA PENA DE MUERTE

3.7.1 Despojo del don más preciado: la vida

Cualquier sanción impuesta a los particulares por el Estado manifiesta el imperio y poder de coerción que dicho aparato tiene sobre los gobernados. La pena de muerte es un ejemplo máximo de esto.

Todas las penas que el Estado impone traen consigo múltiples consecuencias. El sujeto es despojado, jurídicamente, de varios de sus derechos; es privado, de hecho, de aquellos bienes que le son más preciados, uno de ellos puede ser la vida. Los argumentos en contra sostienen que todo ser humano tiene derecho a la vida y nadie tiene la capacidad o derecho de quitarla.

Aun cuando se plantean muchas preguntas, nadie quiere responder: ¿contribuye esto a disminuir la violencia criminal?, ¿es ésta mejor disuasivo del delito (en especial del homicidio) que la pena de prisión perpetua?, ¿se impone la pena de muerte de manera discriminatoria? y en particular ¿es más probable que sean procesados convictos, condenados y ejecutados los delincuentes negros u otros no blancos?, ¿cuál es el riesgo de que una persona convicta de un delito que tiene asignada la pena capital pena que no ha llegado a ejecutarse, pueda cometer otro delito que tenga asignada esa pena capital? Por desgracia, existen personas a quienes les fascina todo lo vinculado con el acto de aplicar la pena de muerte, pero dicha conducta lo único que refleja es una especie de patología social.

3.7.2 El estado de Derecho

El estado de Derecho es la contención en la cual todos los partícipes se someten por igual a la ley; es un avance a la modernidad no sólo política y jurídica, sino también filosófica. El debate se llevó a cabo a partir de tres tendencias: los hegelianos de izquierda, los de derecha y los antihegelianos. Para los hegelianos de izquierda, la modernidad era un problema aún no realizado, para los de derecha era un proyecto ya realizado y para los antihegelianos era imposible la modernidad. La modernidad, según Hegel, separaba al Estado de la sociedad civil, teniendo como principal rector a la razón.

El fundamento del Estado debía ser la libertad y las garantías impuestas por la autoridad. La pena de muerte siempre fue el efecto de una alianza entre un mensaje religioso y la soberanía de un Estado (aunque es de suponer, hablando de *alianza*, que el concepto de Estado no es esencia profundamente religiosa). En la figura de un monarca, una persona, un presidente o gobernador, etc., dicha soberanía se define como la que tiene poder de vida y de muerte sobre los sujetos.

La pena de muerte era la más radical de las viejas penas corporales que se ejecutaban en el cuerpo del condenado. El Estado tenía como función política la administración de la muerte. Desde la antigüedad dio lugar a numerosos y enconados debates en torno a su legitimidad y conveniencia. Durante la modernidad, los argumentos en su contra se renovaron y se mantiene en la actualidad la rigidez del debate en los países en los cuales no ha sido abolida. Así la pena de muerte no debe tomarse como una sentencia, si no como un medio de tortura con el cual se demuestra el pago de un mal que se cometió, tanto a una persona como a una sociedad.

3.7.3 Tendencias de la pena de muerte en los países

De acuerdo con investigaciones realizadas por la ONU, se detectaron las siguientes tendencias acerca del papel que desempeña cada país con respecto a este tema:

- *Abolicionistas*: los países que no contemplan la pena de muerte en sus legislaciones.
- *Abolicionistas de facto*: los que la mantienen para los delitos comunes, pero no han ejecutado a nadie durante los últimos años (como el caso de México).
- *Retencionistas*: en los que la pena de muerte está vigente y en los que ha habido ejecuciones recientes.

Para infortunio de la humanidad, la cantidad de países *retencionistas* es mayor que el de los *abolicionistas,* lo que hace suponer que los documentos internacionales como los de la Organización de Derechos Humanos no la prohíben expresamente. Sus leyes plantean que el hombre tiene derecho a la vida y a la libertad, pero esto no significa que la ley sea adoptada por todas las naciones del orbe.

Por otro lado, en los países donde se aplica la pena de muerte ejecutan a más y más "falsos culpables"; personas que no pudieron probar que no habían cometido el crimen por el cual se les condenaba a la pena máxima. Todos los errores judiciales aplicados a "falsos culpables" en los Estados Unidos son, aparentemente, el carácter "anormal" de la pena de muerte, ya que personas culpadas de asesinatos, en realidad son víctimas de la discriminación.

El derecho, en general, está en continuo cambio, constantemente se reforman las constituciones, pero para abolir la pena de muerte no es necesaria sólo la ley, sino la conciencia de cada uno de los líderes de los diferentes países. Al respecto sólo 75 países la han abolido, 13 lo han hecho por crímenes de derecho común, 21 la tienen abolida en la práctica y 87 son considerados abolicionistas. En total una mayoría de Estados (108) la abolieron, en derecho o en hecho y 87 la conservan.[78]

Desde 1979, dos o tres países la suprimen cada año. En 1999, Timor Oriental, Ucrania y Turkenistán la abolieron por completo; Lituania la mantiene para los crímenes de derecho común. En 1999, más de 1 813 personas fueron ejecutadas en 31 países y cerca de 4 000 fueron condenadas a muerte en 63 países. Amnistía Internacional difunde esta información con la precisión que nos interesa más que ninguna otra, desde el punto de vista geopolítico (ver anexo 3).

La posibilidad de reimplantar la pena de muerte en México, ante la ola de crímenes que vive la sociedad mexicana, surge para las autoridades y para la sociedad como una necesidad para resolver este grave problema.

Asimismo por el régimen federal consagrado también en la Constitución, los estados o entidades federativas que conforman la República Mexicana, son libres de instrumentar la pena de muerte. Aunque hoy por hoy no se tiene registrado ningún estado de la República, no quiere decir que en un futuro próximo o lejano no pueda instrumentarse.

La Constitución Mexicana cae en contradicción al decir en el mismo artículo 22, párrafo primero que quedan prohibidas las penas de mutilación y por otra parte consagra la pena capital, es decir, prohíbe dogmáticamente la privación de la parte y consagra la privación de la vida y la dignidad.

Se considera que el Estado debe atacar las causas de la criminalidad, identificadas con la marginalidad social de muchos mexicanos, la falta de fuentes de trabajo, la trasgresión de la ley en la programación televisiva o cinematográfica, que contempla en sus contenidos esenciales la apología del crimen.

---

[78] Amnistía Internacional. *Pena de muerte*, en http://www.ya.com/penademuerte/listapaises.htlm, Madrid, 2000.

Ante estas circunstancias de la cultura al servicio de la pulsión thanática, de primero crear criminales y después el Estado destruirlos para liberar a la sociedad del peligro que representan, se justifica la violación de uno de los derechos humanos más primordiales: el derecho a la vida.

■ Ejecuciones

El 85 % de las ejecuciones se concentran en cuatro países: China, al menos 1777 y las cifras de los últimos dos años son aterradoras. Le sigue Irán, al menos 165; Arabia Saudita con 103 y por último, Estados Unidos con 98. No olvidemos a la República Democrática del Congo con 100, e Irak, aplicado a algunos centenares, pero a veces sin celebrar juicio alguno. Actualmente, se aplica en una gran cantidad de países árabes; sólo en dos países, "con gran extensión geográfica y de habitantes" poderosos la mantienen: China, donde se aplica de forma masiva, y Estados Unidos, donde existe, a pesar de una fuerte corriente abolicionista, desde el siglo XIX.

■ Inyección letal

Toda la crueldad no es sangrante o sanguinaria, visible o exterior, cierto; esta puede ser, o es sin duda esencialmente psíquica (placer tomado de sufrir o de hacer sufrir por ver sufrir; *grausam*, en alemán, no nombra la sangre). Pero *cruor* bien designa la sangre vertida, el derramamiento y por tanto una cierta exterioridad, una visibilidad en rojo, su *expresión* de fuera, el color que inunda todos los textos de Víctor Hugo contra la pena de muerte, desde el rojo que simboliza la guillotina, "la vieja bebedora de sangre", "la horrible máquina escarlata", hasta esos monumentos de bebida roja que sostenidos por una lámina ("dos largas vigas pintadas de rojo, una escalera pintada de rojo, un cesto pintado de rojo, una pesada traviesa pintada de rojo, la cual se simboliza encajada por uno de sus lados por una lámina pesada y enorme de forma triangular [...] esta es la civilización que llegaba de Argel en forma de guillotina").[79]

---

[79] J. Derridá, E. Roudinesco. *De quoi demain...Dialogue*, Fayard Galilée, Paris, 2001, pp. 229-230 (La traducción es nuestra).

Después de 1977, algunos estados consideraron que la muerte administrada con inyección letal no resultaba cruel, contrariamente a la silla eléctrica, la horca o la cámara de gas. En ciertos estados como Texas, las ejecuciones fueron masivas durante el mandato del gobernador George W. Bush, actual presidente republicano de los Estados Unidos.

En el estado de Illinois, 13 condenados a muerte, recluidos en la cárcel de alta seguridad, algunos desde hacía tiempo, eran inocentes. Los casos fueron reexaminados y los 13 condenados resultaron inocentes. Las pruebas de ADN permiten en la actualidad multiplicar las pruebas y disminuir graves errores judiciales que conducen a la pena de muerte. El sistema judicial americano es el que está "bajo examen" en este momento. En los países donde fue abolida la pena de muerte, las disposiciones que conciernen a los crímenes cometidos en estado de demencia se modificaron. El criminal no es responsable penalmente, su acto ya no es expulsado de su conciencia, como era antes de la abolición, con la posibilidad de que un tratamiento le devuelva la razón.

Gracias a la televisión y la producción documental y cinematográfica, vemos más películas que son buenos ejemplos de estudio de casos de la problemática de la pena capital, ya que exhiben no sólo la condena respecto a la pena de muerte, sino el proceso de ejecución hasta el último momento (ver anexo 4).

■ Reflexión final

El recto camino hacia la regeneración y el sentido empieza por llamar crimen al crimen, antes que hacer cualquier otra consideración. El no matarás es siempre verdad, incluso cuando no sea posible la no violencia. Se reitera que una de las más tenaces y sutiles formas de violencia es la venganza. El Estado, el Derecho Penal y los tribunales son los intermediarios legítimos que confiscan a su favor el poder de hacer justicia y deslegitiman la venganza como afán de justicia.

En fin, debemos reconocer que no matarás es siempre verdad, incluso cuando no fuese aplicable, es decir, cuando se aplica la pena de muerte. No sólo como convicción o verdad formal, sino como imperativo que exige responsabilidades ya que se pierde la posibilidad de reparar el daño. Si con posterioridad se demuestra que el ejecutado era inocente, de nada sirven las disculpas y pretender atenuar la pena de los familiares.

CAPÍTULO IV

MODELO CONCEPTUAL PSICOANALÍTICO

4.1 FREUD: PULSIONES Y SUS DESTINOS

4.1.1 La pulsión de la vida y de la muerte

Acerca de la pulsión de vida y muerte, Freud nos dice: "muchos lectores de este ensayo acaso tengan la impresión de haber oído demasiadas veces la fórmula de la lucha entre eros y pulsión de muerte".[80] Pues ésta no sólo caracteriza las fases culturales de toda la humanidad, sino también el desarrollo del individuo y revela el secreto de la vida orgánica en general; por ello, es importante indagar los vínculos recíprocos entre esos tres procesos.

El retorno de esa fórmula idéntica se justifica por la consideración de que tanto las transformaciones colectivas como personales son vitales sin duda, es decir, no pueden menos que compartir el carácter más universal de la vida. Y justo por ello, la prueba de ese rasgo no ayuda en nada a diferenciarlos, a menos que se les acote mediante condiciones particulares. La evolución cultural es la modificación que experimenta el proceso vital bajo el influjo de una tarea, planteada por Eros e incitada por Ananké; el apremio objetivo (real) y su función son la reunión de seres humanos aislados en una comunidad enlazada libidinosamente.

Por otro lado, al nexo entre ambos procesos no dudaremos mucho en atribuirle una naturaleza muy semejante, si es que no se trata de uno mismo que envuelva a objetos de diversa clase.

■ La pulsión de la muerte como "disgregador"

En una obra colectiva, editada en 1980 con motivo del medio siglo de la aparición de *El malestar de la cultura de Sigmund Freud*, se publicó el trabajo *"La detención de la agresión por la culpa"* de León Rozitchner, texto que nos servirá para establecer diversas consideraciones. Aquí se presentan algunas ideas con referencia al problema de la agresión, Freud la plantea en el sentido de "la pulsión de muerte como disgregador de lo que

---

[80] S. Freud. "El porvenir de una ilusión", en *Obras completas*, Trad. de José Luis Etcheverry, Vol. XXI, Amorrortu, Buenos Aires, 1979, p. 135.

no puede desarrollarse, de lo que queda detenido; aquello que no tiene la tensión hacia una nueva forma. Al mismo tiempo, instinto de agresión, pulsión, impulso hacia –que en el animal está definido en una adaptación más o menos prefijada–, en el hombre éste aparece como variable en cuanto a los medios y los fines que persigue..."[81]

Rozitchner asevera, basándose en Freud, que la culpa es un "método" cultural de dominio y se puede comprender si los extendemos hasta el "método" científico, al que limita si no es que ya está transformado de manera previa por la cultura represiva en el yo dominado del hombre de ciencia.

El autor indica en esta obra que Freud concede importancia al sentimiento de culpa precisamente porque lo considera una forma de control, inclusive el de mayor importancia en la sujeción cultural.

4.1.2 La conciencia rendida o culpable

La conciencia está ya, desde su origen, rendida, porque es considerada culpable, recuerda Rozitchner, quien también establece una relación entre el desarrollo del eros, donde se inscribe en el hombre la capacidad de ser consciente; y la complejidad de la vida social histórica que, desde la perspectiva de la organización psíquica, corresponde a la adquisición de la habilidad para entender la estructura de lo real, es decir, para enfrentar el obstáculo y satisfacer el deseo.

También determina que al hombre se le escamotea esa capacidad esencial y que "el ejercicio del impulso de muerte se ve desviado de su orientación hacia la vida y los obstáculos del mundo exterior para volcarse como muerte merecida contra el sujeto mismo: por haber osado desear".[82] Retomamos parte del discurso de Foucault, ya mencionado, con el objeto de introducir

---

[81] N. Braunstein (comp.), *A medio siglo de El malestar en la cultura de Sigmund Freud*, Siglo XXI, México, 1981, p. 265.

[82] *Ibid.*, p. 38.

mayores elementos en el contexto de la cultura de la agresión y la represión.

4.1.3 El castigo como la parte más oculta del proceso penal

Siguiendo a Foucault hay que decir que el castigo tiende a convertirse en la parte más oculta del proceso penal, cuya práctica lleva consigo varias consecuencias: abandona el dominio de la percepción casi cotidiana para entrar en la conciencia abstracta, y pide eficacia en su fatalidad, no en su intensidad visible. Es la certidumbre de ser castigado, y no el teatro que resulta ominoso, lo que debe apartar al sujeto del crimen. De ahí parte la violencia relacionada con su ejercicio. Si alguien mata o hiere no se debe a la glorificación de su fuerza, sino a un elemento de sí mismo que no tiene más remedio que tolerar, pero del cual es difícil valerse.

De hecho, la condena es la que se supone marca al delincuente con el signo negativo y unívoco, publicidad; por lo tanto, de los debates y de la sentencia. Sin embargo, la ejecución es como un oprobio suplementario que a la justicia le avergüenza imponer al condenado, como si el poder soberano no viera, en esta emulación de atrocidad, un reto lanzado por el transgresor y que muy bien podrá ser recogido un día, ya acostumbrado a ver la crueldad. "El pueblo aprende pronto que no puede vengarse si no con sangre".[83]

Existe una confusión entre dos tipos de poder: el que administra la justicia y formula la sentencia aplicando la ley, y el que hace la ley. Este doble funcionamiento se remite a un exceso central: lo que podría llamarse el "sobrepoder" monárquico, que identifica el derecho de castigar con el poder único del "soberano".

---

[83]   M. Focault. *Op. cit.,* p. 77.

■ La economía de poder castigar

El castigo penal es una función generalizada, coextensiva al cuerpo social y a cada uno de sus elementos. Esto plantea, entonces, el problema de la "medida" y de la economía del poder para castigar. La infracción opone al individuo del cuerpo social y, para castigarlo, la sociedad tiene el derecho de alzarse contra él. Lucha desigual, de un solo lado todas las fuerzas, los poderes, los derechos. El delincuente se convierte en el enemigo común. El derecho de penalizar ha sido trasladado del soberano a la defensa social.

■ El objeto del castigo

Para ser útil la sanción debe tener como objetivo las consecuencias del delito, entendidas como los desórdenes capaces de iniciar una acción. Castigar es un arte de los efectos; más que objetarlo es preciso adecuar una a otra las dos series que siguen al crimen: sus efectos y los de la pena; por ello, debe impedir la reincidencia y es forzoso tener en cuenta lo que el criminal lleva en su naturaleza, el grado presumible de su perversidad y la cualidad intrínseca de su voluntad.

Naturaleza y definición del castigo: generalmente los filósofos lo definen a través de cinco elementos que debe poseer para ser considerado como tal: a) Estar relacionado con el dolor; b) Ser administrado por haber cometido una ofensa contra las leyes o regulaciones; c) Ser aplicado por haber sido declarado culpable por una ofensa cometida; d) Ser impuesto por alguien diferente al ofendido; y e) Ser ordenado por la autoridad competente. Pese a que la pena se aplica por una ofensa y a que es justa y equitativa, se trata de una cuestión legal y moral muy importante, en la que lo más valioso es definirla.

El castigo implica cierto dolor, obviamente no todo, y debe ser administrado sólo a quien se le ha comprobado el agravio. Supongamos que el delincuente es aprehendido y encarcelado, pero nunca es declarado culpable por el delito; por lo tanto, esta acción no será considerada castigo, y si es condenado a prisión por delinquir, entonces, se puede decir que sí hubo aplicación de una sanción.

No debe olvidarse que requiere ser impuesto por alguien diferente al ofendido. Es cierto que la gente habla de "castigarse a sí misma" por una transgresión, esto no es considerado como castigo, de manera precisa, pero sí un acto de autoflagelación.

El castigo debe ser ordenado por la autoridad competente, en un sentido estricto jurídico, que será aquella constituida por el sistema contra quien es cometida la ofensa. En el caso de un homicidio la indicada será una corte legal o un jurado.

Los cinco elementos mencionados constituyen generalmente la naturaleza de este tipo de pena, la combinación de ellos nos ayudaría a una definición útil. Así, el castigo es un daño inflingido por una autoridad competente a una persona que ha sido juzgada por haber violado una ley o regulación.[84]

Los objetivos del castigo pueden ser divididos en dos categorías: en términos de dar a los delincuentes lo que merecen, o de sus deseables consecuencias. La primera contiene las teorías retributivas del castigo y la segunda incluye teorías preventivas, disuasivas y de rehabilitación.

La relación de poder subyacente, bajo el ejercicio del castigo, comienza a acompañarse de una correspondencia de objeto, en la cual se encuentran encerrados no sólo el delito como hecho que se establece según unas normas comunes, sino el delincuente, a quien se debe conocer según unos criterios específicos.

Por ejemplo, hay asesinos que realizan un ataque de rabia o pasión, están los llamados profesionales, que de forma deliberada calculan cuándo, dónde y cómo van a cometer sus crímenes, y además los que tienen problemas emocionales, que matan para ganar la pena capital, con el fin de acabar con su tortuosa

---

[84] Cf. M. Leiser. *Liberty, Justice, and Moral* (New York; Macmillan, 1973), pp. 195-97, en *Aplaying ethics*, pp. 272 - 274. (La traducción es nuestra).

existencia, lo cual también se conoce como impulsos suicidas, pero, como no tienen el valor para hacerlo por sí mismos, buscan a alguien que lo haga por ellos, en este caso es el Estado.[85]

En esta relación de objeto no viene a suponerse, desde el exterior, a la práctica punitiva, como lo haría un interdicto opuesto a la saña de los suplicios por los límites de la sensibilidad, o como lo haría una interrogación racional o "científica" sobre quién es el hombre a quien se castiga. Los procesos de objetivación nacen en las tácticas del poder y en la ordenación de su ejercicio.

El psicoanálisis ha contribuido de manera importante para dar una explicación de los sujetos que infringen las normas: por una parte opera la prohibición y por otra su ejecución va unida a cierto alivio anímico para el malhechor. Un delincuente sufre de una pertinaz culpabilidad, de origen desconocido, pero después de cometer una falta esa presión se mejora, es decir, la conciencia de culpa queda ocupada de alguna manera. Freud sostiene que esta condición preexiste a la ofensa, que no procede de ésta sino a la inversa. El resultado es que este oscuro sentimiento de culpa brota del complejo de Edipo, pues es un impulso frente a los dos propósitos delictivos: el de matar al padre y el de tener comercio sexual con la madre. Debemos recordar que parricidio e incesto con la madre son los dos grandes delitos de los hombres que fueron perseguidos y abominados en las sociedades primitivas. Asimismo, la indagación freudiana nos ha llevado a saber que la humanidad ha adquirido una conciencia moral, que ahora se presenta como un poder anímico heredado.[86]

En la historia del psicoanálisis, la palabra "Edipo" ha sustituido la expresión "complejo de Edipo". En este sentido, el nombre solo otorga, a la vez, el problema definido por Freud y el mito constituyente sobre el cual reposa la doctrina psicoanalítica, en tanto exploración de las relaciones del hombre con sus orígenes y con su genealogía familiar e histórica. De acuerdo con estos esbozos, continuar con la investigación de los mitos y

---

[85] *Ibíd.*, p. 277
[86] S. Freud. *Op. cit.*, pp. 338-339.

el inconsciente abrirá nuevas indagaciones en el conocimiento de los individuos, en su relación con el crimen.

4.1.4 El efecto de la pena de muerte en la sociedad

La condena a muerte no tiene el poder o facultad especial para reducir la delincuencia o la violencia política. No ha disuadido al delito con eficacia mayor que otras penas, no surte gran efecto sobre la sociedad. Es bien sabido que es discriminatoria y se ha empleado de forma desproporcionada contra personas de determinadas etnias, comunidades, religiones o contra los más pobres, y esto se puede ver a lo largo de la historia de la humanidad.

"Se ha sostenido que el Derecho Penal tiene carácter represivo",[87] "lo que desde el punto de vista de un Derecho Penal regulador del poder punitivo permitía desde antiguo mostrar a este último como parte de la cultura",[88] "en un sentido que renovaría, de alguna manera, la obra de Freud, (la represión de las pulsiones como origen de la cultura)".[89]

4.1.5 El proceso cultural de la humanidad

El proceso cultural de la humanidad es una abstracción de orden más elevado que el desarrollo del individuo; esto nos esclarece la dificultad de aprehender intuitivamente, por tal motivo la pesquisa de analogías no debe extremarse compulsivamente.

Así, no puede sorprender la semejanza de los medios empleados para alcanzarla, mediante la introducción de una persona, un grupo o la producción de una masa a partir de muchos individuos. Por su extraordinaria importancia, no es correcto descuidar por más tiempo un rasgo que diferencia a ambos procesos.

---

[87] W. Gallas. *Gründen und Grenzen der Strafbarkeit* en Eugenio Raúl Zaffaroni, *Op, cit.*, p. 191.
[88] M. A. Montes de Oca. *Represión* en Ídem.
[89] S. Freud. *Das Unbehagen in der Kultur* en Ídem.

Queda claro que en la evolución personal el programa básico del principio de placer es conseguir una satisfacción, en cuanto a su integración en una comunidad humana, es decir, la capacidad de adaptarse. Esto parece una premisa difícil de evitar y que debe ser cumplida en el camino que lleva a su logro, es decir, la vida buena. ¿Si se prescinde de esa condición, acaso todo andaría mejor?

■ El desarrollo cultural *vs.* el individual

El desarrollo individual surge como producto de la interferencia entre dos aspiraciones: el empeño por alcanzar la dicha, que llamamos 'egoísta' y el de convivir con los demás en la comunidad, que denominamos 'altruista'. Estos dos enunciados no van mucho más allá de la superficie, pero también está la que se contenta, por lo regular, con la representación de una limitación. De manera diferente ocurre en el proceso cultural; aquí lo principal es crear una unidad a partir de los individuos; si bien subsiste la meta de la felicidad, una gran comunidad humana se puede lograr mejor si no hay preocupación porque los individuos logren la dicha. El crecimiento personal tiene sus rasgos particulares, éstos no se reencuentran en el proceso cultural de la humanidad, a menos que en la primera fase la comunidad se acople con la segunda.

Así como los planetas giran en torno a un cuerpo central a la par que rotan sobre su eje, los sujetos participan en la vía de desarrollo de la humanidad mientras giran en su propio recorrido vital. Ante este juego de fuerzas, el cielo nos parece petrificado en un orden eternamente igual; en cambio, en el acontecer orgánico vemos todavía cómo las fuerzas luchan entre sí y los resultados del conflicto varían de manera permanente. Las dos aspiraciones de dicha individual y de integración en la comunidad tienen que luchar entre ellas en cada ser humano junto con los dos procesos: el individual y el de la cultura, y por fuerza entablan competencias recíprocas que se combaten en el terreno. Pero esta discordia no es un retoño de la oposición, que tal vez sea irreconciliable entre las pulsiones primordiales: eros y thánatos, sino que implican un conflicto interno de la libido, comparable a la disputa en torno de su distribución entre el yo y los objetos que admite un arreglo definitivo en el individuo, como esperamos lo admita también en el futuro de la cultura, por más que ahora dificulte la vida del hombre.

■ Ideales y reclamos de la cultura

En sus trabajos sobre el *super-yo*, Freud menciona que la cultura ha plasmado sus ideales y planteado sus reclamos. Por ejemplo, los que aluden a los vínculos recíprocos entre los seres humanos se sintetizan bajo el nombre de ética. En todos los tiempos se atribuyó el máximo valor a esta ciencia, como si se esperaran justamente de ella unos logros de particular importancia. Y en efecto, la ética se dirige a aquel punto que fácilmente se reconoce como la crítica de toda cultura.

Ha de comprenderse como un ensayo terapéutico, o una reflexión para lograr por orden del *super-yo* lo que hasta el momento no ha conseguido, el trabajo cultural. Ya sabemos que, por esa razón, la cuestión aquí es cómo obstaculizar lo que se opone a la formación de este tipo: la inclinación ontológica de los seres humanos a agredirse unos a otros, por eso mismo nos resulta de particular interés el mandamiento cultural acaso más reciente del *super-yo*: "Ama a tu prójimo como a ti mismo".

4.1.6 La intensidad de las pulsiones

En la indagación para la cura de las neurosis se le hace la pregunta al *super-yo* del individuo, con la severidad de sus mandatos y prohibiciones: ¿por qué se cuida muy poco de la dicha? No toma en cuenta las fuerzas que se oponen a su obediencia, a saber, la intensidad de las pulsiones del *ello* y las dificultades del entorno circundante objetivo, real. Por eso en la cura nos vemos precisados muy a menudo a combatir al *super-yo* y a rebajar sus exigencias.

Objeciones en un todo semejante podemos dirigir los reclamos éticos al *super-yo* de la cultura. Tampoco cuida de la constitución anímica de los seres humanos, se proclama un mandamiento y no se pregunta si se podrá obedecer. Antes bien, supone que al *yo* del ser humano le es psicológicamente posible todo lo que se le ordene; de lo contrario, tendría un gobierno irrestricto sobre su *ello*. Esto es una falacia, porque ni siquiera en los hombres llamados normales el control puede llevarse más allá de ciertos límites. Si se exige más se genera en el individuo una rebelión o neurosis o se lo hace desdichado. El mandamiento "ama a tu prójimo como a ti mismo" es una posible defensa en contra de la agresión humana y un adecuado ejemplo del proceder psicológico del *super-yo* de la cultura. El mandato es incumplible, una pretensión tan grandiosa del amor no puede tener otro efecto que rebajar su valor, no el de eliminar el apremio. La cultura descuida todo eso; sólo advierte que mientras más difícil es la obediencia al precepto, más meritorio es someterse.

■ El poder de la agresión

En la cultura de nuestros días Freud se coloca en desventaja respecto de quienes lo ignoran. ¡Qué poderosa debe ser la agresión como impedimento de la cultura si la defensa contra ella puede volverlo a uno tan desdichado como la agresión misma! La ética llamada 'natural' no tiene nada para ofrecer aquí, como no sea la satisfacción narcisista de tener derecho a considerarse mejor que los demás. En cuanto a la que se señala en la religión, hace intervenir en este punto sus promesas de un más allá tal vez más agradable. Se considera que mientras la virtud no sea recompensada sobre la tierra, en vano se predicará la ética. Parece también indudable que un cambio real en las relaciones de los seres humanos con la propiedad aportaría mayor coherencia que cualquier mandamiento; sin embargo, para los socialistas, esta intelección es enturbiada por un nuevo equívoco idealista acerca de la naturaleza humana, por lo que pierde su valor de aplicación.

■ La neurosis de la comunidad

La forma de abordaje que se propone estudiar la función del *superyó* en las manifestaciones del desarrollo cultural promete otros conocimientos. Se puede concluir, pero resulta difícil esquivar una cuestión: si el desarrollo cultural presenta tantas semejanzas con el del individuo y trabaja con los mismos medios ¿no se está justificando el revelar que muchas culturas, etapas históricas, o quizás la humanidad han devenido 'neuróticas', es decir, enfermas, bajo el influjo de las aspiraciones culturales? A la descomposición analítica de estas enfermedades podrían seguir propuestas de cura merecedoras de un gran interés práctico. Se sabría decir si semejante ensayo de transferir el psicoanálisis a la comunidad de cultura es disparatado o está destinado a la esterilidad. No obstante, habría que ser muy precavido, no olvidar que a pesar de todo se trata de meras analogías y que no sólo en el caso de los seres humanos, sino en el de los conceptos también, es riesgoso desarticularlos de la esfera en que se han generado y desarrollado.

■ El diagnóstico de las neurosis

El diagnóstico de las neurosis de la comunidad choca con una dificultad particular, en su manifestación individual tiene como apoyo inmediato el contraste que separa al enfermo de su entorno aceptado como 'normal'. En una masa afectada de manera homogénea falta ese trasfondo, habría que buscarlo en otra parte.

Por lo que atañe a la aplicación terapéutica de esta intelección, ¿de qué valdría el análisis más certero de la neurosis social si nadie posee los instrumentos y la autoridad para imponer la cura? A pesar de todos estos obstáculos ¿es legítimo esperar que un día alguien emprenda la aventura de semejante patología de las comunidades culturales? Por diversos motivos el propósito de hacer una valoración de la cultura humana es ajeno. Se ha empeñado en apartar el prejuicio entusiasta de que nuestra cultura es lo más preciado que poseemos o pudiéramos adquirir pues su camino nos conduciría necesariamente a alturas de insospechada perfección.

■ La aspiración cultural como meta

Al menos se puede escuchar al crítico decir que si uno tiene presente las metas de la aspiración cultural y los medios que se necesitan para lograrlas, debería llegar a la conclusión de que no merecen la fatiga; el resultado sólo puede ser un estado insoportable para el individuo. La neutralidad se ve facilitada porque se sabe muy poco sobre estos temas y con certeza sólo esto: que los juicios de valor de los seres humanos derivan enteramente de sus deseos de dicha y son una prueba para apoyar sus ilusiones mediante ciertos argumentos. Se comprendería muy bien que alguien resaltara el carácter compulsivo de la cultura humana y dijera, por ejemplo, que la inclinación a limitar la vida sexual o a imponer el ideal de humanidad a expensas de la selección natural es una orientación evolutiva que no puede soslayarse ni desviarse. Se conoce también la objeción a ello: las aspiraciones que se tenían por incoercibles han sido dejadas a menudo de lado en el curso de la historia de la humanidad, sustituyéndolas por otras. Así, el ánimo de presentarme ante mis prójimos como un profeta se va, por lo que me someto al reproche de que no se les puede aportar ningún consuelo, eso es lo que en el fondo piden todos, tanto el revolucionario más cerril con no menor pasión como el más excelso beato.

4.1.7 La pulsión humana de la agresión

He aquí, a mi entender [dice Freud], la cuestión decisiva para el destino de la especie humana: si su desarrollo cultural lograra, y en caso afirmativo en qué medida, dominar la perturbación de la convivencia que proviene de la humana pulsión de agresión y de autoaniquilamiento. Nuestra época merece quizás un particular interés justamente en relación con esto. Hoy los seres humanos han llevado tan adelante su dominio sobre las fuerzas de la naturaleza que con su auxilio les resultará fácil exterminarse unos a otros, hasta el último hombre. Ellos lo saben; de ahí buena parte de la inquietud contemporánea, de su infelicidad, de su talante angustiado. Y ahora cabe esperar que el otro de los dos poderes celestiales, el eros eterno, haga un esfuerzo para afianzarse en la lucha contra su enemigo igualmente inmortal. ¿Pero quién puede prever el desenlace?[90]

---

[90] S. Freud. *Op. cit.*, p. 140.

En ninguno de sus trabajos Freud ha tenido como en éste la sensación de exponer elementos bien sabidos para referirse triviales. Por eso se toma al vuelo lo que al parecer ha resultado, a saber, que el reconocimiento de una pulsión de agresión especial autónoma implicaría una modificación de la doctrina psicoanalítica de las pulsiones.

Demostrará que no hay tal, que tan sólo se trata de dar mayor relieve a un giro consumado hace mucho tiempo y perseguirlo hasta sus consecuencias. La teoría psicoanalítica ha progresado lentamente, pero de todas sus piezas la doctrina de las pulsiones es la que más trabajo ha ocasionado en sus avances, empero era indispensable. En el completo desconcierto de los comienzos le sirvió como primer punto de apoyo el dicho de Schiller, el filósofo poeta: 'hambre y amor' mantienen cohesionada la fábrica del mundo. El hambre podía considerarse el tributario de aquellas pulsiones que quieren conservar al individuo, en tanto que el amor pugnaba por alcanzar objetos, su función principal, favorecida de todas las maneras por la naturaleza, es la conservación de la especie. Así, al inicio se contrapusieron pulsiones yoicas y pulsiones de objeto. Para designar la energía de estas últimas, introdujo el nombre de libido; de este modo la oposición corría entre las pulsiones yoicas y las pulsiones 'libidinosas' del amor o eróticas en sentido estricto, dirigidas al objeto.

■ La pulsión sádica

Una de las pulsiones de objeto, la sádica, se destaca sin duda porque su meta no es precisamente amorosa y, aunque es evidente que en muchos aspectos se anexa a las pulsiones yoicas, no puede ocultar su estrecho parentesco con pulsiones de apoderamiento sin propósito libidinoso. Hay ahí algo incongruente que se dejó de lado pues es indudable que el sadismo pertenece a la vida sexual, el juego cruel puede sustituir al tierno.

La neurosis se presenta como desenlace de la lucha entre el interés de la autoconservación y las demandas de la libido: una lucha en que el *yo* triunfa al precio de graves sufrimientos y renuncias.

■ La libido narcisista

Todo analista concederá que lo expuesto ni siquiera hoy suena como un error hace tiempo superado. Se volvió indispensable una modificación cuando nuestra investigación avanzó de lo reprimido a lo represor, de las pulsiones de objeto al *yo*. En este punto fue decisiva la introducción del concepto de narcisismo, es decir, la intelección de que el *yo* es investido con libido, aún es su hogar y por así decir, también su cuartel general. Esta manifestación se vuelca en los objetos, transformando de tal modo éstos que la convierte en libido narcisista.

El concepto de narcisismo permitió aprehender analíticamente la neurosis traumática, así como muchas afecciones vecinas a las psicosis y ésta misma. No hacía falta abandonar la interpretación de la neurosis de transferencia como intentos del *yo* por defenderse de la sexualidad, pero el concepto de libido corrigió el peligro, puesto que también las pulsiones *yoicas* son libidinosas. Por un momento pareció inevitable identificar libido con energía pulsional en general, como ya C. G. Jung había pretendido hacerlo. Pero aún en el trasfondo quedaba una certidumbre imposible de fundar: que las pulsiones no pueden ser todas de la misma clase. Dio el siguiente paso en *Más allá del principio de placer*, cuando por primera vez se dio cuenta de que hay una compulsión de repetición y carácter conservador de la vida pulsional. A partir de las especulaciones acerca del comienzo de la vida y de los paralelos biológicos, extrajo la conclusión de la pulsión a conservar la sustancia viva y a reunirla en unidades cada vez mayores.

Es relevante, y puede convertirse en punto de referencia para ulteriores indagaciones, la oposición que surge entre la tendencia del eros a la extensión incesante y de la naturaleza conservadora de las pulsiones. Tendría que existir otra expresión de este tipo, opuesta a ella, que compitiera para fragmentar esas unidades y reconducirlas al estado inorgánico inicial.

▪ La pulsión de agresión y destrucción

Junto al eros hay una pulsión de muerte. La acción eficaz, conjugada y contrapuesta de ambas permite explicar los fenómenos de la vida, como lo vemos en lo dionisiaco y apolinio de la cultura griega. Ahora bien, no era fácil pesquisar la actividad de esta pulsión destructiva como se había supuesto. Las manifestaciones del eros son llamativas y ruidosas; cabía pensar que la pulsión de muerte trabajaba muda dentro del ser vivo en la obra de su disolución, pero, desde luego, eso no constituía una prueba. Más lejos lo llevó la idea de que una parte de la pulsión se dirigía al mundo exterior y entonces salía a la luz como pulsión de agresión y destrucción. Sólo así sería compelida a ponerse al servicio del eros, en la medida en que un ente aniquilaba a otro, animado o inanimado y no a *sí mismo*.

Por el contrario, si esta agresión hacia afuera era limitada, no podía menos que traer como consecuencia un incremento en la autodestrucción, por lo demás siempre presente. Al mismo tiempo, a partir de este ejemplo, podía inferirse que las dos variedades de pulsiones rara vez, quizás nunca, aparecían aisladas entre sí, sino que se ligaban en proporciones muy variables, convirtiéndose de ese modo irreconocibles para nuestro juicio.

▪ El sadismo

Con el sadismo, descrito desde hace tiempo como pulsión parcial de la sexualidad, se está frente a una liga de esa índole, particularmente fuerte, entre la aspiración de amor y la pulsión de destrucción o, en su contraparte, el masoquismo, ante una conexión de la destrucción dirigida hacia adentro con la sexualidad se puede volver llamativa y visible esa aspiración de ordinario no perceptible. El supuesto de la pulsión de muerte o de destrucción tropezó con resistencia aun dentro de los círculos psicoanalíticos, ya que muchas veces se prefiere atribuir, todo lo que se encuentra de amenazador y hostil en el amor a una bipolaridad originaria de su naturaleza misma.

Al principio se habían sustentado sólo de manera tentativa las concepciones aquí desarrolladas, pero después fueron adquiriendo tal poder que ya no se podía pensar de otro modo. Freud opinaba que en lo teórico son mucho más útiles que otras, porque traen una simplificación en la que no hay descuido ni forzamiento y esto es lo que se aspira en el trabajo científico.

■ El sadismo y el masoquismo

Freud admitió que en el sadismo y el masoquismo hemos tenido siempre ante nuestros ojos las exteriorizaciones de la pulsión de destrucción, dirigida hacia fuera y hacia adentro, con una fuerte liga de erotismo; pero ya se comprende que podamos pasar por alto la ubicuidad de la agresión y destrucción no eróticas y dejemos de asignarle la posición que se merece en la interpretación de la vida.

En efecto, la manía de destrucción dirigida hacia adentro se sustrae casi siempre de la percepción cuando no está coloreada de erotismo. Recuerda su propia actitud defensiva, cuando por primera vez, emergió en la bibliografía psicoanalítica la idea de la pulsión de destrucción y el largo tiempo que tuvo que pasar para volverse receptivo hacia ella. Menos asombroso es que otros mostraran –y aún muestren– la misma desautorización. Por ejemplo, a los infantes no les gusta oír que se les mencione la inclinación innata del ser humano al 'mal', a la agresión, a la destrucción, a la crueldad; porque Dios los ha creado a imagen y semejanza de su propia perfección y es difícil admitir la indiscutible existencia del mal, a pesar de las protestas de la Christian Science, con la omnipotencia o la bondad infinita de Dios.

4.1.8 La existencia del mal

El demonio es el mejor recurso para disculpar a Dios; desempeña el mismo papel de deslastre económico que los judíos en el mundo del ideal ario. Pero, aún así, puede pedírsele cuentas a Dios por la existencia del demonio, como por el mal que corporiza. En vista de tales dificultades, es aconsejable que cada quien haga una profunda reverencia en el lugar adecuado, ante la naturaleza profundamente ética del ser humano. Esto ayuda a que uno sea bien visto por todos y a disimular muchas faltas. Particularmente convincente es la identificación del principio del mal con la pulsión de destrucción en el Mefistófeles de Goethe.

El nombre de libido puede aplicarse nuevamente a las exteriorizaciones de fuerza del eros, a fin de separarlas de la energía de la pulsión de muerte. La concepción actual puede enunciarse así: en cada exteriorización pulsional participa la libido, aunque no de manera total. Se debe aceptar que cuando no se trasluce a través de la liga del eros resulta muy difícil de aprehender; se la percibe sólo como un saldo tras este impulso, de lo contrario se escapa.

En el sadismo donde la libido trastoca a su favor la meta erótica, aunque satisfaciendo con plenitud la aspiración sexual, se obtiene la más clara intelección de su naturaleza y de su vínculo con el eros. Pero aun donde emerge sin propósito sexual, incluso en la más ciega furia destructiva, es imposible desconocer que su placer se enlaza con un goce narcisista extraordinariamente elevado, en la medida en que enseña al *yo* el cumplimiento de sus antiguos deseos de omnipotencia. La pulsión de destrucción atemperada y domeñada, inhibida en su meta, dirigida a los objetos se ve forzada a procurar al *yo* la satisfacción de sus necesidades vitales y el dominio sobre la naturaleza. Puesto que la hipótesis de esa pulsión descansa esencialmente en razones teóricas, es preciso admitir que no se encuentra del todo a salvo de objeciones teóricas. Pero es así como aparece en este momento, dado el estado actual de nuestras intelecciones: la investigación y la reflexión futuras aportarán, sin dudarlo, la claridad.

■ La inclinación agresiva

Freud se situó en este punto de vista: la inclinación agresiva es una disposición pulsional autónoma originaria del ser humano. Sostiene que la cultura encuentra en ella su obstáculo más poderoso. En algún momento de esta indagación se nos impuso la idea de que la cultura es un proceso particular cuya área de influencia abarca al hombre en su transcurrir histórico y seguimos cautivados por esa idea. Ahora agregamos que está al servicio del eros para reunir a los individuos aislados, luego a las familias, después a las etnias, los pueblos, y las naciones con una visión integral: la humanidad.

¿Por qué debe acontecer así? No lo sabemos, ésta es precisamente la obra del eros. Las multitudes de seres humanos deben ser ligadas libidinosamente entre sí porque la necesidad y las ventajas del trabajo en común no las mantendrían cohesionadas. A este programa de cultura se le opone la pulsión agresiva natural de los seres humanos, la hostilidad de uno contra todos y viceversa. La pulsión de agresión es el retoño y el principal subrogado de la referente a la muerte que hemos descubierto junto al eros, con quien comparte el gobierno del universo. Ahora ha dejado de resultarnos oscuro el sentido del desarrollo cultural. Tiene que enseñarnos la lucha entre el eros y la muerte, vida y destrucción, tal como se consume en la especie humana. Esta controversia es el contenido esencial de la existencia en general y por eso el desarrollo cultural puede caracterizarse sucintamente como la preservación de la especie humana. Esta es la gigantomaquia que nuestras niñeras pretenden apaciguar con el "arrorró del cielo".[91]

4.1.9 Reflexiones psicoanalíticas sobre la pena de muerte

Freud representa un eje de especial relevancia, pues su tratamiento al tema pulsional nos permite analizar y discutir las implicaciones bioéticas y, aún más, las posibilidades que tiene la cultura contemporánea frente a la pena de muerte.

En las postrimerías de su obra, Freud contribuyó con una serie de argumentos acerca de la manera en la cual operan estas dos fuerzas antagónicas, que contribuyen a explicar tanto el devenir de la propia existencia como el desarrollo de la cultura.

---

[91] *Ibíd.,* p. 118.

■ Las pulsiones

Desde luego, el psicoanálisis contiene una teoría elaboradísima de los instintos; a decir verdad, la primera teoría verificable que en el caso del hombre se haya dado. Nos lo muestra empeñado en un metamorfismo en el que la fórmula de su órgano, de su dirección y de su objeto es un cuchillo de piezas indefinidamente intercambiables. Los *triebe*, o pulsiones que se aíslan en ella constituyen tan sólo un sistema de equivalencias energéticas al que referimos los intercambios psíquicos, no en cómo se subordinan a alguna conducta ya del todo montada, natural o adquirida, sino en la medida en que simbolizan y, a veces, hasta integran dialécticamente las funciones de los órganos en que aparecen los intercambios naturales, esto es, los orificios del cuerpo humano.

De ahí que esas pulsiones sólo se nos presenten en relaciones muy complejas, en las que su propio torcimiento nos puede llevar a prejuzgar acerca de su intensidad de origen. Hablar de un exceso de libido es una fórmula vacía de sentido.

■ La pulsión de vida

El ser humano, tal como plantea Freud, está provisto de una pulsión de vida que le impele a la búsqueda del placer, es decir, tanto a la emergencia de las satisfacciones pulsionales como a la liberación de los estados de angustia o de displacer. Pero es aquí donde entra en juego la pulsión de muerte como una fuerza inherente a la pulsión de vida y puede asumir tendencias a la autodestrucción, compulsión de repetición o de destrucción. Aquí es donde la pulsión de muerte representa un obstáculo para la cultura, pues en su manifestación de agresividad (pena de muerte) perturba las relaciones entre los seres humanos, en tanto busca el desligamiento, el aniquilamiento del otro, para convertirlo en objeto inanimado.

■ La pulsión de muerte

Freud plantea que la pena capital aparece como un síntoma por medio del cual la pulsión de muerte sale del sujeto para tornarse en agresividad dirigida hacia otro (como pulsión de destrucción), y no retorna hacia él como *super-yo* porque no genera un proceso ético que haga operar la función de la conciencia moral, desintegrando lo social. En este sentido, debemos recordar que el propio Freud señala que la cultura se desarrolla en su capacidad para renunciar a las satisfacciones impulsivas. Se trata de ampliar el tratamiento profundo, individual y social de estas dos fuerzas pulsionales que paradójicamente articulan la vida. Habría que pugnar porque el individuo desarrolle una mejor dinámica intrapsíquica que lo lleve a conciliar su felicidad (principio del placer) con la de su plena inclusión en la comunidad.

Más aún, Freud, en uno de sus trabajos: *El malestar de la cultura,* señala que generalmente no nos gusta hablar de la muerte; de ahí que, la propia o la de nuestros seres queridos se torna inimaginable y se le huya cotidianamente. Explica que acentuamos siempre la motivación casual de la muerte, el accidente, la enfermedad, la infección y la ancianidad, delatando así nuestra tendencia a rebajar la muerte de la categoría de una necesidad a la de un simple azar.

■ La muerte de los demás

Freud advierte que en el proceso histórico el ser humano aprendió primero a conceptuar la muerte del otro, del extraño o del enemigo en forma distinta. La muerte de los demás era grata, suponía el aniquilamiento de algo odiado y el hombre primordial no tenía reparo alguno en provocarla. Era, en cierto modo, un ser extraordinariamente apasionado, más cruel y más perverso que los demás.

Entonces, también diríamos que la pena de muerte como práctica jurídica penal y como acción representa una resistencia a despojarse de ese sentimiento primitivo. En la historia de la cultura humana se observa que crueldad y pulsión sexual se co-pertenecen, asegurando la existencia de un componente agresivo de la libido.

Así, la concepción del sadismo se deteriora por la acción-meta especial que, junto con la humillación y el apoderamiento, persigue infringir dolor, que no desempeña papel alguno entre las acciones o propósitos originarios de la pulsión.

■ La crueldad como "algo natural"

La crueldad es algo natural en el carácter infantil, ya que debe tomarse en cuenta que la inhibición de la pulsión de apoderamiento, la capacidad de sentir compasión ante el dolor del otro, se desarrolla relativamente tarde. Se supone que la moción cruel proviene de la pulsión de apoderamiento y emerge en la vida sexual en una época en que los genitales no han asumido el papel que desempeñarán después. Desde esta posición, se puede decir que la vigencia misma de la pena de muerte representa, desde la perspectiva freudiana, no sólo un asunto de crueldad sino una imposibilidad primaria para inhibir la pulsión de muerte.

Si bien la discusión internacional y bioética en torno a la abolición de la pena de muerte ha impulsado, aunque no con la rapidez y eficacia que se quisiera, una política de supresión de la pena capital o el franco y expreso debate bioético acerca de su abolición en los países y estados que aún la conservan, uno se debe preguntar si la condición del ser humano, en tanto estructura psíquica y dinámica profunda, ¿dispone precisamente del mecanismo que lo lleve a buscar, por medio de la pulsión de muerte, el aniquilamiento del otro? Debemos cuestionar, desde una perspectiva psicoanalítica, si el eros, en su expresión más mortífera, no encierra, también, intenciones agresivas, como diría André Green, mostradas o camufladas pero orientadas hacia la búsqueda de la muerte del objeto.

Desde esta posición, se sostiene la posibilidad de que la propuesta de la pena capital está vinculada de forma íntima y profunda con la dinámica que trazan las dos pulsiones (vida y muerte), pues la vida se hace equivalente de la muerte porque es liberación de todo deseo.[92]

---

[92] A.J. Miller y D.S. Rabinovich. *La ética del psicoanálisis,* Paidós, Buenos Aires, 1988, p. 262.

■ La pena capital como pulsión de muerte

Desde una lectura freudiana y de acuerdo con las reflexiones de León Roztichner, el ser humano ha planteado la pena capital como resultado de la pulsión de muerte, en tanto dicha fuerza primaria concibe que el objeto o el ser ya no puede desarrollarse porque ha quedado detenido.

Pero esta pulsión de muerte, convertida en destrucción del otro, paradójicamente es la que conduce a una discusión, análisis, o tarea edificante que ponga de manifiesto la improcedencia y la devastación bioética que representa la práctica de dicha pena. Con esto entra en juego la pulsión de vida con su antagónica, la pulsión de muerte. Aludiendo a la expresión referida por Jacques Lacan: "Lo mejor es el enemigo del bien".[93]

4.2 LACAN: PSICOANÁLISIS EN CRIMINOLOGÍA

4.2.1 El crimen y el castigo

Porque la realidad del hombre implica un proceso de revelación, la historia se concibe de manera dialéctica, inscrita en la sustancia; de hecho, es verdad que ningún movimiento de protección behaviorista del sujeto, en relación con su objetivo, podrá castrar su dimensión creadora y mortal, como lo hace el científico dedicado al conocimiento puro: "La búsqueda de la verdad no es por otro lado lo que hace el objeto de la criminología en el orden de asuntos judiciales, también lo que unifica estas dos caras: verdad del crimen en su aspecto policiaco, verdad del criminal en su aspecto antropológico".[94]

La relación del crimen y castigo, como dice Lacan, en la realidad del criminal, está expresada en tanto el psicoanálisis da la medida

---

[93] A. Green en Jorge Colapinto y David Maldavsky (dirs.), *La pulsión de muerte,* Amorrortu, Buenos Aires, 1998, p. 24.

[94] J. Lacan. *Escritos 1 (1971),* 21ª ed., Siglo XXI, México, 2000, p 117.

de su pivote social fundamental. La idea del castigo es una característica del hombre que pervive en un grupo social dado, en una civilización donde los ideales son cada vez más utilitarios, el individuo se compromete con el movimiento acelerado de la producción, es difícil que pueda conocer del significado expiatorio del castigo, aunque retenga el alcance ejemplar, a pesar de que dicha trascendencia tienda a absorberlo en su fin correccional que cambia insensiblemente de objeto.

Los ideales del humanismo se resuelven en el utilitarismo del grupo. A pesar de que el grupo que hace la ley no esté, por razones sociales, seguro en su totalidad de la justicia y de su poder, esto remite a un humanitarismo en el que se expresan de igual manera la sublevación de los explotados y la mala conciencia de los explotadores para los que la idea de castigo es insoportable. Esta antinomia ideológica refleja, aquí como en otras partes, el malestar social que busca solución en la posición científica, en el análisis psiquiátrico del criminal, para que se pueda remitir a las medidas de prevención contra el crimen y la reincidencia; esto lo podríamos llamar una concepción sanitaria de la penología.[95]

Cuello Calón afirma que la pena de muerte, a través de la moderna penología es un medio penal luminosamente combatido, defendido o universalmente aplicado con más firme violencia que ningún otro. Es cierto. La historia de la pena de muerte surge con la de la humanidad, por eso llega hasta la actualidad, aunque hoy en franca regresión, y ha fundado para algunos autores un argumento particularmente esperado a favor de la tesis de su conservación.[96]

La historia nos muestra que Rocco, en tono enfático, fundamenta la reinstauración del castigo capital en Italia durante la época fascista, donde la pena de muerte fue la condena por excelencia en el mundo oriental, griego y romano, y que dominó sin interrupción en el Medioevo en las instituciones jurídicas germánicas, a pesar de la sensiblería del cristianismo primitivo en las instituciones

---

[95]   *Ibid.*, p. 129.
[96]   M. Barbero. *Op. cit.*, pp. 24-25.

jurídicas de la Iglesia imperial, bárbara, feudal, de la inquisición; que se afirmó enérgicamente en los estatutos y en las leyes de la Edad Media y particularmente en los siglos XVI, XVII, y XVIII, en los que se constituyeron y organizaron los Estados modernos de Europa. En la segunda mitad del siglo XVIII se plantea a la opinión pública el problema de la pena capital. Según Rocco, los escritores del periodo filosófico de la época tuvieron un éxito imperceptible.

Sin embargo, a esta tesis podría hacérsele alguna objeción grave pues olvida que algunos pueblos antiguos no conocieron la pena de muerte o le otorgaron un lugar muy reservado en el catálogo punitivo, por ejemplo, en el derecho chino más antiguo, según lo muestra el *Libro de las Cinco Penas*; en el derecho penal islámico; en el derecho consuetudinario ruso anterior a los ukases de los zares, a su abolición en el período republicano, por las leyes *Porciae*, contra los ciudadanos romanos. Pero más importante que este reparo es la carencia del valor de ejemplo que, para un pensar que corresponda a nuestra época, presenta la historia de la pena de muerte. La historia de la pena capital muestra con palabras de Graven, hecatombes sangrientas de vidas humanas sacrificadas a través de los tiempos y de los países.[97]

■ La tortura: prueba del crimen

A la evolución del sentido de castigo corresponde una transformación paralela a la prueba del crimen. Comenzando en las sociedades religiosas por la ordalía, o por la prueba del juramento, en el culpable actuaba la creencia por lo que ofrendaba su destino al juicio de Dios. Se exigía cada vez más el compromiso del individuo en la confesión y a su vez, se precisaba su personalidad jurídica. Por eso todo el proceso humanista del derecho en Europa, que comienza con el redescubrimiento del derecho romano en la escuela de Bolonia hasta la captación íntegra de la justicia por los legistas reales y la universalidad de la noción del derecho de personas, es correlativo tanto en el

---

[97] *Ídem.*

tiempo como en el espacio, mientras que la difusión de la tortura es inaugurada en Bolonia, como medio de prueba del crimen; se trata de un hecho cuyo alcance no parece haber sido medido hasta ahora.[98]

Quienes permiten la pena de muerte admiten la ley del talión como base permanente de justicia. Y olvidan que todo o casi todo, evoluciona y mejora; que la justicia digna y el amor son el arte del don, del dar; olvidan el fundamento de la antropología contemporánea que ve las raíces de lo realmente humano, y también del derecho penal, en la transformación creadora más que en la conservación estática, en el manantial dinámico de Heráclito, más que en la balanza de equilibrio conservador, principio de constancia al servicio de la compulsión a la repetición, nos dirá Freud, pulsión de muerte en su dimensión destructiva.

Los artistas y los poetas, al descubrir el misterio del ser, vivir y coexistir, del inventarnos, azorarnos, pueden iluminar caminos para superar conflictos sociales más inteligentes que el camino legal de la sanción de ejecutar la pena de muerte. Pues si ésta es indigna, debe abolirse, aunque los políticos la consideren necesaria. Si es indigna no pude ser necesaria. La justicia, en caso de algún conflicto, prevalece ante la utilidad o necesidad. Insistimos, la pena capital no es un inconveniente político, quizás sea un abuso político. Además de otros eventos de orden bioético, la solemnidad y la lentitud calculada con que se ejecuta impiden compararla con el estado de necesidad y con la legítima defensa.[99]

Cuán cautiva sigue la vida humana de la ilusión narcisista que teje sus más poderosas coordenadas fantasmáticas; por otra parte, ¿acaso no se lo ha cargado ya todo, junto a la cuna, en los incontables extremos de la discordia y el amor?

Más allá de las contradicciones que nos conducen a vislumbrar la sapiencia, no hay crimen absoluto y, sin embargo, existe pese

---

[98]   J. Lacan. *Op. cit.*, p. 130.
[99]   M. Barbero. *Op. cit.*, pp. 183- 184.

a la acción policiaca extendida por nuestra civilización al mundo entero, que en el equilibrio del universo vela por la destrucción. Si podemos aportar algo de verdad, se lo debemos a la función sujeto-sujeto en el orden de la fraternidad eterna.

CAPÍTULO V

MODELO CONCEPTUAL BIOÉTICO

5.1 LA CONCEPCIÓN BIOÉTICA

La bioética es una actividad de investigación principalmente comunitaria, dialógica e interdisciplinaria, esto es, no se reduce a una sola disciplina. No la podemos identificar con la sola aplicación de principios generales. Es análisis en la multiplicidad de voces. Es un diálogo entre diversos campos de estudio, orientado por la reflexión filosófica. Es comunidad de disertación que implica ruptura de la hegemonía profesional en las decisiones sobre la vida, la muerte, la salud, los derechos y deberes respecto a la biosfera en las decisiones a tomar. Es diálogo abierto a las diferentes perspectivas sobre lo que se considera que es bueno o justo hacer.

Para participar de manera responsable en esta deliberación bioética es importante, ante todo, comprender de manera adecuada los hechos en cuestión; lo que es imposible sin los datos de una pluralidad de disciplinas.

¿Cómo buscar soluciones adecuadas sobre calidad o cantidad de vida y muerte digna sin la contribución de la historia, la medicina, la psicología, el psicoanálisis, la biología, el derecho y la antropología? ¿Cómo analizar un hecho de manera correcta sin contextualizarlo en el tipo de cultura en que se produce?

Este diálogo que propone la bioética es pensamiento crítico y creativo. Se va argumentando mediante la fundamentación en busca de lo universal que aún no se posee.

5.1.1 El origen de la bioética

'El término bioética deriva de la fusión de dos vocablos griegos, *bios*: vida y *ethos:* moral. Expresa el concepto del mundo de la civilización clásica identificada en la relación entre la naturaleza creadora de la vida física y la sociedad artífice de las reglas de la conducta humana'.[100] Así, en las tres últimas décadas se ha desarrollado la bioética a partir de la reflexión acerca de las implicaciones éticas de la relación del hombre con el fenómeno de la vida, en general, y de la vida humana, en particular. Como lugar de resguardo, refugio, protección o espacio vital seguro, cubierto de la intemperie y en el cual se acostumbra habitar. El *ethos* revela también que la manera de ser depende de una acción o hábito y no es algo dado, sino más bien, creado o generado por la acción. El *ethos* se opone, en este sentido, a la *physis* y al *pathos*, a la mera naturaleza y al mero padecer o a la pasión, es decir la ética representa la ciencia práctica y normativa que estudia racionalmente la bondad y la maldad de los actos humanos.

Hay, cuando menos, dos tipos de razones que explican el origen y desarrollo de la bioética en el curso de las dos últimas décadas: 1) los avances en el campo de la biología molecular y de la ecología humana, así como la creciente preocupación por el futuro de la vida sobre nuestro planeta, y 2) la profunda transformación operada en el ámbito de la medicina en los últimos cinco lustros.[101]

Hace unos años publicaba Warrem T. Reich un artículo de bioética en la *Revista del Instituto Kennedy,* en donde relata los avatares del nacimiento de la palabra bioética. El estudio parece confirmar que el término fue utilizado por vez primera por el oncólogo norteamericano Van Rensselaer Potter, quien reconstruye de modo muy interesante las transformaciones que sufrió en los siguientes años, hasta convertirse en palabra de uso común. A la generalización de ese vocablo no fue ajena la propia obra de Warrem T. Reich, quien, entre 1971 y 1978, involucró a un número impresionante de personas, 285, en la primera gran

---

[100] *Cf.* V. Frosini. *Derechos humanos y bioética,* Themis, Bogotá, 1997, p. 76, en *Summa Bioética,* Publicación trimestral de la Comisión Nacional de Bioética, Año I, No. 1, México, Marzo, 2003, p.15.

[101] D. Gracia. *Fundamentación y enseñanza de la bioética,* Búho, Bogotá, 1998, p. 12.

tarea colaborativa internacional que se llevó a cabo en el campo de la bioética: la publicación de la *Encyclopedia of bioethics.*

5.1.2 La bioética como disciplina

Potter definió la bioética así: La bioética fue proyectada como una nueva disciplina que combinara el conocimiento biológico con el conocimiento de los valores humanos.

Eligió *–bio* para representar al conocimiento biológico, la ciencia de los sistemas vivientes, y escogió *–ética* para representar el conocimiento de los sistemas de valores humanos.

Él entendía la bioética como una nueva cultura, como el encuentro necesario entre los hechos, tal como hoy lo plantean las ciencias y en especial, las de la vida y los valores; o si se quiere, entre las ciencias y las humanidades. Potter entendió la bioética como un nuevo paradigma intelectual y cultural, consistente en la confrontación entre hechos y valores.

5.1.3 La bioética racional

La bioética tiene que ser racional y no la confundamos con racionalista, interpretación que ha pervivido durante muchos siglos en la cultura occidental, pero que en la actualidad resulta inaceptable por completo. La tesis de racionalismo se basa en que la razón puede conocer *a priori* el todo de la realidad, por tanto es posible construir un sistema de principios éticos desde el que se deduce con precisión matemática todas las consecuencias posibles. Tal fue el sueño de Spinoza en su *Ética demostrada según el orden geométrico.* Al menos desde la época de Gödel sabemos que ni la propia razón matemática tiene capacidad de establecer sistemas completos y autosuficientes, lo cual demuestra que la racionalidad humana tiene siempre un carácter abierto y progrediente, con un momento *a priori* o principalista y otro *a posteriori* o consecuencialista. La razón ética no es la excepción a esta regla y ha de desarrollarse siempre en ese doble nivel.

5.1.4 La bioética y los valores humanos

Diego Gracia dice:

Kant escribió en la *Critica de la razón pura* una frase que se ha hecho justamente célebre "Los pensamientos sin contenidos son vacíos; las intuiciones sin conceptos son ciegas". Pues bien, de modo similar cabe decir que los hechos de la nueva ciencia biológica sin valores son ciegos; y los valores sin hechos, resultan vacíos. Es necesaria una nueva interfecundación de unos por otros. De esto depende el futuro de nuestra cultura y quizás de nuestra sociedad. No es un azar que el propio Potter, un tanto desengañado por los derroteros -excesivamente médicos— de la bioética en los años setenta y ochenta, haya acuñado otro término feliz, *Global Bioethics*, que en su opinión expresa mejor que el anterior su verdadero pensamiento.[102]

A partir de aquí cobra todo su sentido la definición de la bioética como el proceso de contraste de los hechos biológicos con los valores humanos, a fin de globalizar los juicios sobre las situaciones, mejorar la toma de decisiones, e incrementar su corrección y calidad.

La culminación y a la vez crisis de todo este proceso se encuentra en la obra de Kant. Él aceptaba la distensión de Christian Thomasius entre el orden moral o interno y el jurídico o externo. Ambos son órdenes naturales, es decir, no dependientes de la revelación, estrictamente racionales. Todo obedece a un principio, a una ley que la razón se da a sí misma, al origen de ambos órdenes, el moral y el legal. Esta ley es, obviamente, el imperativo categórico que significa, en el orden de la moderna legalidad racional, lo que el principio de primer nivel era en el orden de la vieja legalidad natural de Tomás de Aquino. Esto es, el imperativo categórico es

---

[102] *Ibíd.,* p. 30.

la reformulación moderna, estrictamente racional, del principio universalísimo y absoluto de la ley natural que mandaba hacer el bien y evitar el mal.[103]

Resulta obvio que ese principio comunísimo carece de la claridad mínima que necesita todo principio de carácter deontológico. Por eso los principios de ley natural con contenido deontológico tienen ya, según Tomás de Aquino, carácter derivado. Pues bien, Kant llega, desde presupuestos muy distintos, a idéntica conclusión: el imperativo categórico es universal y absoluto, de modo que todo ser humano ha de tenerlo, si de verdad es ser humano, aunque tenga un carácter meramente formal y canónico. Pero los principios morales de contenido material y carácter deontológico ya no son siempre absolutos.

- ■ **Principios deontológicos**

Kant distingue, de hecho, dos tipos de principios deontológicos: los perfectos y los imperfectos. Los primeros son aquellos cuya transgresión es contradictoria cuando el dato se universaliza, razón por la cual la conversión de la materia de la transgresión en una máxima universal no se puede pensar, porque resulta contradictoria. Estos preceptos de Kant se corresponden con los que en la ética naturalista se llamaban malos. Considera que estos preceptos son fundamentalmente negativos y que constituyen los auténticos deberes perfectos o de justicia. Por el contrario, hay otros cuya transgresión al universalizarla, al convertirse en máxima, no resultan contradictorios, ya que se pueden pensar, pero no se pueden querer sin controversia; no son lógicamente opuestos, pero sí éticamente. Éstos son los deberes de obligación imperfecta o de beneficencia.

Kant acaba legitimando racionalmente lo mismo que el naturalismo: la existencia de dos tipos de preceptos morales de contenido material, unos intrínsecamente buenos y malos, y otros que no lo son. Quizás esto explica por qué este aspecto

---

[103]   *Ibíd.*, p. 37.

de su obra ha sido tan usufructuado por el realismo moral de la neoescolástica.

■ Deberes perfectos e imperfectos

El texto de Kant acerca de los deberes perfectos e imperfectos se encuentra en el segundo capítulo de la *Fundación de la metafísica de las costumbres*. Después de establecer la primera fórmula del imperativo categórico, la de la universalización de las máximas, añade: "Vamos ahora a enumerar algunos deberes, según la división corriente que se hace de ello, en deberes para con nosotros mismos y para con los demás hombres, deberes perfectos e imperfectos".[104] Y en otra nota añade: "Entiendo aquí por deber perfecto el que no admite excepción a favor de las inclinaciones y entonces tengo deberes perfectos, no solo externos, sino también internos, cosa que contradice el uso de las palabras en las escuelas".[105] Resulta evidente que Kant se distancia de la definición clásica de los deberes perfectos como aquellos que se refieren a los otros e imperfectos son los que se refieren a uno mismo. Es decir, perfectos son los que no admiten excepciones, e imperfectos los contrarios. Con posterioridad, Kant enumera cuatro: dos perfectos y dos imperfectos.

El primer ejemplo de los perfectos es el siguiente: uno que, por una serie de desgracias lindantes con la desesperación, siente despego hacia la vida y tiene aún bastante razón para preguntarse si será contrario al deber para consigo mismo quitarse la vida. Pruebe a ver si la máxima de su acción puede tornarse ley universal de la naturaleza. Su objetivo es: me hago por egoísmo un principio de abreviar mi vida cuando ésta en su largo plazo me ofrezca más males que agrado. Ahora, se trata de saber si tal principio del egoísmo puede ser una ley universal de la naturaleza. Pero pronto se ve que una naturaleza cuya ley es destruir la vida, por la sensación cuya determinación es atizar el fomento de la vida, es contradictoria y no puede subsistir como

---

[104] *Ibíd.*, p. 38.
[105] *Ibíd.*, p. 39.

naturaleza. Por lo tanto, no puede realizarse como ley natural universal y, por consiguiente, contradice por completo al principio supremo de todo deber.

Éste es el primer ejemplo que Kant pone de deber perfecto: el de no atentar contra la existencia conservándola aun en caso que se torne prácticamente irresistible. La idea de quitarse la vida por egoísmo no se puede universalizar y no se puede pensar sin contradicción; luego, es intrínsecamente mala y no tiene excepciones. Cabría preguntar a Kant lo que sucedería si uno quisiera morir por altruismo; es decir, sin la intención de ser oneroso con los familiares. Esta sí se puede universalizar sin producir contradicción. Y, por otra parte, tampoco está dicho por qué el egoísmo no es universal, por lo que no se pueda realizar acción alguna contra la vida en esas circunstancias.

Lo que Kant hace es juzgar máximas, no actos. Está claro que no es bueno actuar por egoísmo, eso no significa que se actúe por un móvil malo ni que la acción tenga que ser intrínsecamente mala; sin embargo, sólo un acto de suicidio por no poder resistir el dolor es justificable como excepción, que es siempre un mal menor y, por tanto, nunca puede ser universalizada.

Cuando sucede esto se tiene claro que se está optando por el mal menor y que lo bueno sigue siendo lo que dice la norma, no la excepción. En este sentido, el argumento de Kant no prueba nada, a pesar de querer probar demasiado.[106]

5.1.5 La bioética y la relevancia antropológica

En cuestiones de bioética los conceptos tienen siempre importancia antropológica, sus definiciones se inscriben en el marco de conocimientos disponibles de las tecnociencias. Las aportaciones de éstas reclaman en cada momento histórico ser completadas por otro saber acerca del hombre que se articula en racionalidad filosófica, pero que hunde sus raíces en las

---

[106] *Ibíd.*, p. 40.

tradiciones, en la cual cobran significación moral los conceptos cuya definición o redefinición se busca.

Salvados los extremos reduccionistas, los conceptos extensionales son necesarios, útiles y, en especial, lo son en el campo de la bioética. Retomemos, por ejemplo, la definición de muerte, aparentemente sencilla y significativa en muchos contextos, derivada del final de la vida. No obstante, esa definición no es suficientemente precisa con la extensión del concepto para fines clínicos. El médico necesita de otra que le permita certificar sin ambigüedad el fallecimiento de un paciente, como sucede al certificar la muerte por ejecución ordenada por el Estado.

Antes de iniciarse la técnica de los trasplantes, la definición clínica de muerte quedaba referida a la paralización del corazón, después de ese avance científico-técnico y de la comprobación de que es factible hacer que vuelva a latir el corazón tras un paro cardíaco, ya no se habla del corazón sino del cerebro. Se produce así un corrimiento de la misma (ver anexos 2 y 5).

■ La definición esencialista

La definición pretende decir que lo que de manera intencional permanece en la muerte es el final de la vida y que ha sido la instancia fija a la que se ha apelado a la hora de propiciar el corrimiento de fronteras de la extensión en la nueva definición operacional. La definición de "muerte", en el nivel legal, ha de estar construida mediante rasgos netamente empíricos y no tiene por qué reclamar la desaparición de otras definiciones más adecuadas al discurso ético.

La perspectiva esencialista es la que permanece como pauta referencial en los cambios que se han de dar en diversos niveles del discurso (ético, médico, legal; y la que se ve sometida a cambios de interpretación dependiendo de las concepciones globales del mundo y de la vida que imponen los cambios culturales y sociales, en este contexto tienen especial relieve los avances científico técnicos y los cambios valorativos.

El nivel jurídico requiere que los rasgos estén expresados en términos empíricos operativos. Es decir, las definiciones extensionales de carácter operacional (aspectos que remiten a medidas precisas) desempeñan un importante papel en este nivel. Justificar la adecuación de estos rasgos al desarrollo científico-técnico y permanecer en continuidad con la definición mencionada es una tarea de la bioética que debe articular las influencias recíprocas entre los progresos médicos, los criterios éticos, los cambios en la conciencia moral y los criterios legales.

Hay conceptos como violencia, por ejemplo, cuya extensión no tiene una frontera precisa. El camino para acceder a ellos no es una definición componencial de hombre del tipo "animal racional", o "bípedo implume". Recordaba Wittgensttein que al intentar definir elementos éticos el camino a seguir empieza con las siguientes preguntas: ¿cómo aprendí el significado de esta palabra?, ¿a partir de qué ejemplos?, ¿en qué juego de lenguaje? Investigaciones posteriores han encontrado una formulación y un modelo teórico en el desarrollo reciente de la teoría de definiciones para dar respuesta a los términos éticos con fronteras poco precisas.

■ Las controversias morales

Las controversias morales parecen ser irresolubles y aunque las ortodoxias establecidas y las normas de "corrección políticas" dan la impresión de suprimir algunas, las antiguas preguntas permanecen invariables. Esto es sobre todo aplicable a la bioética, que estudia cuestiones relacionadas con la vida y la muerte. Platón y Aristóteles trataron la moralidad del aborto y el infanticidio. El primero examinó también cuestiones de la asignación de recursos a la sanidad y el consentimiento informado.

Ahora nos planteamos preguntas similares, si no es que las mismas preguntas: ¿es moralmente correcto limitar la financiación pública de un sistema sanitario de costos elevados y bajo rendimiento con el fin de controlar los gastos?, ¿es correcto destinar recursos a los espacios de readaptación social, a las prisiones?, ¿puede crearse una política basada en los elevados costos, la escasa probabilidad de supervivencia y la baja calidad de vida de los sobrevivientes, al mal tratamiento a los delincuentes y, en consecuencia, el imperativo de la abolición de la pena de muerte?, ¿se diferencia la situación moral, si los fondos implicados son gubernamentales y los fondos ahorrados se utilizaran para financiar tasas más elevadas de los especialistas científicos o para bajar los impuestos?

5.1.6 La moralidad y sus ambigüedades

En la misma raíz de la ética residen numerosas ambigüedades, pues no hay una sino varias acepciones de ética. En primer lugar, tiene que estar claro el significado y el tipo de moralidad en juego para poder responder a preguntas de esta índole. Ésta se puede interpretar como una explicación por la que deben guiarse los agentes en sus actos para así ser loables o censurables. En estas explicaciones, los agentes representan el papel primordial: sólo ellos pueden ser sujeto de censuras o alabanza justificada. ¿O es la moralidad, por el contrario, una explicación de cómo maximizar la felicidad y la satisfacción? Tal vez se obtenga la mejor elucidación, si consideramos la moral con independencia de lo que deben lograr los agentes y fijamos nuestra atención en la consecución del bien.

La reflexión filosófica contemporánea en relación en este tema, que tiene lugar en el seno del mundo académico, aborda únicamente una pequeña parte de las cuestiones que interesan a las personas preocupadas por lo que debe tenerse en cuenta como conducta apropiada y objetivos deseables. No se trata sólo de que el límite entre las observaciones morales y estéticas no está claramente delimitado, sino que también hay una inquietud por la deshonra, por la pureza e impureza, por la decencia y la indecencia, que eliden hacia consideraciones morales acerca de la forma de actuar con rectitud para alcanzar el bien, o merecer alabanza. Incluso en la reflexión académica existen diferencias entre aquellas teorías morales que proporcionan una explicación de cuándo son loables o censurables los agentes morales (por ejemplo, Immanuel Kant), una explicación de lo que significa alcanzar la felicidad (como John Stuart Mill) y una explicación de lo que significa hacer el bien (Santo Tomás de Aquino).

■ **La ambigüedad del término**

El término "ética" es ambiguo. En primer lugar, como sugiere su etimología, puede referirse a algo que es habitual para un grupo de personas de acuerdo con sus costumbres.

Es también el significado etimológico del término "moral", de *mor* (plural *mores*), la palabra con la que los latinos se referían a las costumbres de un pueblo. En la ética médica estos sentidos se encuentran en muchas de las obras hipocráticas que retratan a este médico griego. En tales casos, nos enfrentamos a entramados de valores morales y expectativas que, aceptados como algo que se da por descontado, determinan el carácter de los contextos cotidianos del ejercicio de la medicina. La mayoría de nosotros vivimos la mayor parte de nuestra existencia en función de la ética, en el sentido de *ethos* y se nos presta la mayor parte de los servicios relacionados con la asistencia sanitaria, de la rehabilitación y adaptación de los delincuentes para fracturar la posibilidad de la pena de muerte contemplada en la *Constitución Política de los Estados Unidos Mexicanos*.

Desde el interior de una matriz asumida de valores derivamos muchas de nuestras intuiciones morales y antes, incluso, de que nos convirtamos en sujetos racionales morales, pues tenemos conciencia de sí, tenemos a nuestra disposición ideas ya formadas (ver anexos 6 y 7).

Cuando los médicos afirman haber aprendido algo acerca de la naturaleza del ejercicio adecuado de la medicina, gracias al ejemplo de un excelente maestro, a menudo se están refiriendo a la iniciación en el mundo vital virtuoso y finalista que ofrece tan notables modelos de conducta.

Si la comunidad, en el interior de la cual se vive, está unida y no se ve sometida a fuerzas que inciten al cambio social o si la comunidad ha mantenido la textura y la estructura social de sus compromisos morales, a pesar de las presiones tecnosociológicas, es probable que no sólo no se cuestionará, sino que parecerá incuestionable.

Cuanto más se viva en el ámbito pluralista secular de una sociedad cosmopolita, mayor será la textura de la moralidad reconocida y aceptada en un complejo tejido de visiones morales. Las sensibilidades morales aceptadas, incluso si sólo son normas reinantes de "corrección política", suponen un punto de partida para reflexiones éticas. La posmodernidad fragmenta las concepciones morales y somete las sensibilidades morales establecidas a un cuidadoso examen. Además, en el momento en que se reconoce la diversidad multicultural, se ponen al descubierto importantes diferencias de *ethos*.

5.1.7 Reglas de conducta de grupos profesionales

La ética identifica las reglas de conducta de determinados grupos profesionales. Así, por ejemplo, se suele hablar de la ética de los abogados, de los contables o de los médicos y enfermeras, en especial cuando tienen que participar en la aplicación de la pena de muerte.

Cuando dichas reglas aparecen articuladas como cánones específicos de probidad en temas de corrección profesional, la ética se entiende entonces mejor como "etiqueta". De hecho, así se titulaban algunos de los códigos de ética médica antes de que la Asociación Norteamericana de Medicina adoptase su primer código de ética médica, en mayo de 1847. Una parte importante de los temas abordados en tales códigos deontológicos (códigos de "etiqueta") no eran morales, en el sentido directo e inmediato, sino más bien relativas a los honorarios, los anuncios y la relación de los médicos con profesionales no ortodoxos. Estas reglas no son algo trivial. Estos códigos describen formalmente una dimensión importante de los usos y costumbres de los profesionales sanitarios. Se parecen a las leyes. Son estatutos explícitos o precedentes que reflejan principios morales y acuerdos políticos. Pero, al contrario de las leyes, sólo poseen la fuerza que les otorgan las sanciones de la desaprobación profesional y el ostracismo. La etiqueta profesional tiene un alcance y una fuente de autoridad más restringida que la ley. Nos encontramos ante la pregunta fundamental acerca de la autoridad que tienen tales códigos y la forma que debe adoptar dicha etiqueta (ver anexo 8).

■ Cánones éticos y legales

Los cánones legales a menudo se consideran equivalentes a los éticos. Sin embargo, no se habla sólo de leyes buenas o malas, sino también de leyes que deben ser desobedecidas. Como creación de las fuerzas políticas y del compromiso, la ley refleja sólo de manera parcial las costumbres de una sociedad o de juicios morales asentados. Esto se aprecia con mayor claridad cuando existe un marco legal que abarca varias comunidades que defienden criterios divergentes de la vida buena.

Cuanto más difieran estas comunidades en sus cánones aceptados de probidad moral, tanto más se hará sentir la necesidad de leyes explícitas y de reglas burocráticas. En tales casos, se ha de confiar en esas leyes y reglas explícitas como cemento social, que mantiene unidas a los grupos que no comparten una matriz de valores dotada de contenido. El precio de proporcionar asistencia sanitaria, en una sociedad que abarca múltiples comunidades morales, es un cuerpo de reglas y regulaciones burocráticas. Con todo, hay que saber qué leyes debieran redactarse por escrito y cuáles obedecer.

5.1.8 La intuición ideológica

Podemos dirigirnos a una ideología, visión moral o religión concreta, para encontrar una guía, aunque con esto no resolveremos las disputas entre las comunidades de diferentes convicciones ideológicas o creencias religiosas. Lo mismo podemos decir acerca de las teorías de la justicia que dependen de determinadas teorías poco coherentes del bien o de la racionalidad moral.

Tenemos la opinión de que la dignidad está ligada a la seguridad y a la riqueza y no a las libertades personales. Imaginemos unas teorías poco coherentes del bien que nos llevasen a un principio de justicia que justificase un sistema capitalista autoritario frente a una democracia liberal. De acuerdo con el tipo de gobierno capitalista, socialista o democracia, sus habitantes podrán o no entender que se dé más valor a la libertad que a la seguridad y la prosperidad.

No todos se ven favorecidos con la gracia de la verdadera fe o de la intuición ideológica adecuada. El mundo es explicado por profetas portadores de mensajes morales y metafísicos contrapuestos y la cacofonía de sus pretensiones contradictorias puede escucharse en cualquier sociedad, con cierta amplitud, en los debates sobre política jurídica penal. No parece que se dé mayor uniformidad entre las regiones que entre los filósofos o las teorías de justicia. Hasta que se realice una conversión general de la fe a una ideología particular o a una ortodoxia impuesta, de forma general será necesario explorar fundamentos comunes que establezcan lazos entre los individuos de una comunidad pacífica y que guíen las decisiones tomadas en el ámbito asistencial de las instituciones de readaptación social sanitaria. Esta exploración será una búsqueda para fijar principios descubiertos en común o escogidos de común acuerdo, sería una ética secular y filosófica adecuada.

Es una ética que aspira a ofrecer una lógica con la cual se pueda abordar una pluralidad de ideología, creencias y bioéticas. Si es un recluso o un profesional sanitario, en una sociedad que excluye a delincuentes, que incluye a médicos y enfermeras que pertenecen a comunidades de creencias morales radicalmente diferentes, se busca una acepción de ética de este tipo precisamente porque se necesita justificar un punto de vista que pueda abarcar comunidades de diferente convicción moral.

5.2 LA SANTIDAD DE LA VIDA HUMANA

5.2.1 El principio de la moralidad

En la antología de Bioética de Helga Kuhse y Peter Singer, Glover plantea lo siguiente: no puedo evitar tener reverencia por todo lo que se llama vida, éste es el principio y raíz de la moralidad. Para quienes no son asesinos, administradores de campos de concentración o soñadores de fantasías sádicas, la inviolabilidad de la vida humana juzga ser tan evidente que podría parecer vano recurrirla. Inquirir en ella es vergonzoso también, porque una vez hecha la pregunta nos compromete a creer que no deseamos casarnos o confrontarnos con lo que parece negar lo indiscutible.[107]

La mayoría de nosotros creemos que es malo matar a las personas; algunos piensan que es malo en cualquier circunstancia, ya sea en una guerra o en defensa propia. Para muchas personas no es obvia la respuesta a la pregunta: ¿por qué es malo matar? ¿Pero qué es una persona? Se reconoce que todo individuo tiene derecho a la vida. La razón fundamental para adoptar esta idea se deriva de lo que es una persona, nos referimos a un ser con conciencia de su propia existencia en el tiempo y en el espacio, con la capacidad para tener necesidades, planes y proyectos para el futuro, así como una poderosa razón social y política para proteger la vida de aquellos que pueden temer su propia muerte.
Actualmente aceptamos el valor universal del derecho a la vida y su protección como el bien primero y el más importante que una sociedad concede a sus miembros. Un ser capaz de verse a sí mismo existiendo en el tiempo y el espacio puede percibir el miedo a la muerte y saber que sí se puede matar a la gente impunemente, su propia vida podría estar en peligro. En relación con la pena de muerte uno de los principales argumentos en este sentido sería el error judicial para encontrarse con la impunidad.

---

[107] H. Kuhse y P. Singer (Eds.) *Bioethics, an anthology,* Blackwell Publishers, Massachussets, 1999, p. 193 (La traducción es nuestra).

Es razonable considerar con más seriedad los delitos que amenazan la convivencia pacífica en que se basa la sociedad, razón suficiente para reconocer que todo ser humano tiene derecho a la vida, es decir, que es más equívoco dar muerte a una persona que a cualquier otro ser.[108].

Entonces, en ética y en bioética existe un principio de respeto por la vida humana que se mueve en el ámbito antropocéntrico. El planteamiento de las éticas recientes, a las formas de vida no humanas, coinciden con ese valor llamado intrínseco. En este trabajo nos hemos centrado en el principio del respeto por la vida humana. No existe ningún principio ético que sea absoluto, por lo que los principios, como es el caso del valor intrínseco de la vida humana, dependiendo de las situaciones específicas de conflicto, entrará en relación con otro u otros principios que pueden privilegiar el principio del respeto por la vida, como por ejemplo la justicia retributiva, minimizar el sufrimiento propio, y el de otros, proteger la vida propia, y la de otros.

El principio del respeto por la vida centra varios argumentos en los que penaliza algunas acciones que vayan en su contra, a saber, las prácticas que utilizan la vida como medio para lograr un fin, de aquí se deduce que nunca se podrá justificar la pena de muerte. Kant expresa la idea de que el valor intrínseco no excluye de manera tajante el valor instrumental de la existencia, es decir, la vida como fin no implica que no será utilizada como un medio a condición de que se trate, siempre y al mismo tiempo como un fin.

Kant se yergue como defensor de la pena de muerte, pues considera que la vida tiene un valor en sí misma y quienes atentan contra ella autónomamente y deliberadamente deben ser tratados como personas responsables de sus actos y deben ser castigados.[109]

---

[108] P. Singer. *Repensar la vida y la muerte, El derrumbe de nuestra ética tradicional* (1994), Trad. Yolanda Fontal Rueda, Paidós, Barcelona, 1997, p. 213.

[109] Entrevista con el Dr. Alejandro José Herrera Ibáñez, del Instituto de Investigaciones Filosóficas, UNAM, México, D. F., marzo de 2004.

Cabe mencionar que en el caso de la pena de muerte nos estamos refiriendo únicamente al poder que el Estado pueda ejercer sobre algunos de los integrantes de la sociedad, de acuerdo con el conflicto de los principios. Éstos podrían minimizar su sufrimiento según el planteamiento de la prisión perpetua, y a la vez el de otros, calmar la angustia y la desesperación de los familiares de la víctima, la justicia retributiva, establecer el orden violado y proteger la vida de otros en los casos de reincidencia; sin embargo, nuestra propuesta es que si la razón al resolver el conflicto privilegia alguno de los principios y pasa a segundo término el valor intrínseco de la vida humana, esto será acorde con el principio vital de que no tenemos un conocimiento acabado sino transitorio y siempre provisional, que considera insuficiente a la razón para explicar los fenómenos.

Se considera la importancia de la transformación del ser humano a través de tratamientos específicos como son la cura psicoanalítica, la educación, el trabajo, entre otros, que integran el concepto de prevención y readaptación social como parte de las instituciones del Estado. Y por último, siempre se considera para los casos irresolubles la prisión perpetua.

5.2.2 La objeción de matar

Uno de los puntos de vista más comunes sobre el principio de la santidad de la vida tiene que ser incluido entre el último principio de cualquier sistema moral aceptable. Para evaluar el punto de vista sobre la santidad de la vida, es necesario distinguir entre dos tipos de objeción a matar: directas y aquéllas basadas en los efectos colaterales.

■ Objeciones directas

Las objeciones directas a matar se relacionan solamente con la persona muerta. Los efectos colaterales de la muerte afectan a quienes rodean a la persona muerta, más que a ésta.

Muchas de las posibles razones para no matar a alguien pertenecen a los efectos colaterales (que no significan de menor importancia que las objeciones directas). Cuando un hombre muere o lo matan, sus padres, esposa, hijos o amigos entristecen. Su familia está rodeada por una atmósfera de infelicidad y muy probablemente con menos dinero para gastar. Los huérfanos pueden crecer con menor seguridad y confianza de la que ellos tendrían. La comunidad pierde cualquier buena contribución que el hombre pudiera hacerle. El acto de matar ayuda también a debilitar la repugnancia general por quitarle la vida a alguien, incluso tan sólo con el pensamiento. De cualquier modo, puede socavar todo el sentido de seguridad.

- ### Efectos colaterales

La mayoría de las personas probablemente darían algún peso al efecto colateral, explicando la maldad de la muerte, más ellos no son la historia entera, ni siquiera parte principal de ella. Hay personas que sostienen que hay objeciones directas en matar, independiente a los efectos causados a otros. Este punto de vista se puede constatar a través de un caso imaginario en el que un acto de muerte no tendría efectos colaterales dañinos.[110]

Supongamos que estoy en prisión y tengo una enfermedad incurable por la que moriré muy pronto. El hombre que comparte mi celda está condenado a pasar el resto de su vida en la cárcel, ya que la sociedad piensa que él es demasiado peligroso para andar suelto. No tiene ningún amigo y todos sus parientes están muertos. Yo tengo un veneno que podría poner en su comida sin que él lo notara, lo mataría sin ser perceptible y todos los demás pensarían que murió por causas naturales.

En este caso las objeciones a la muerte basadas en los efectos colaterales se derrumbarían. Nadie estará triste o en desventaja. La comunidad no extrañaría su contribución. Las personas no se sentirán inseguras. Nadie sabrá que un asesinato se ha comprometido, incluso el argumento basado en un posible homicidio debilitaría mi propia repugnancia hacia el asesinato.

---

[110] H. Kuhse y Singer. *Op. cit.*, p. 193 (La traducción es nuestra).

Moriré antes de tener oportunidad para causar más muertes. Se podría defender incluso la consideración de los efectos colaterales, que se inclinaría positivamente en favor de la muerte de este hombre, ya que la comunidad pierde al cubrir el costo de su comida y resguardo.

En este caso quienes sentimos, no podemos aceptar que matar a un hombre sea moralmente correcto o neutral, debemos sostener que matar, muchas veces está mal por razones independientes a los efectos colaterales. Una versión de que asesinar es malo, es la doctrina de la santidad de vida. Declarar esta idea de una manera aceptable es que este hecho es más duro que el primero.

5.2.3 El valor del ser humano

La vida humana es valiosa, consideramos que es una idea noble sin someterla a un gran examen crítico. Luego un día descubrimos que nos está forzando a hacer cosas inútiles o que nos puede conducir a situaciones desastrosas. Examinamos que estas ideas que habíamos aceptado con rapidez, carecen de fundamentos lógicos y empezamos a plantearnos por qué en determinadas circunstancias rechazamos esta vida. Existe una opinión en común del derecho y de la doctrina de la santidad de la vida humana en la tradición judeocristiana, que plantea que toda vida humana tiene un mismo valor y por tanto se le debe conservar ya que la vida es un valor irreductible. En suma, no se debe considerar el valor de una vida en concreto más allá del valor de la vida en sí misma.

A menudo se cree malo poner fin intencionalmente a la vida de un ser humano inocente como un mandamiento moral que no debemos violar nunca. Sin embargo, en situaciones extremas, siempre se ha defendido esa postura ideal. Por ello, quienes afirman respaldarla recurren a extrañas distinciones para conseguir un resultado razonable sin que parezca que están violando el tajante mandamiento.[111]

---

[111] P. Singer. *Op cit.,* p. 78.

Los que consideran la doctrina de la santidad de la vida humana como una prohibición absoluta establecen que no es un principio que se pueda medir frente a observaciones contrarias. Los que la defienden dicen que nunca está bien poner fin intencionadamente a una vida, de esta manera se inscriben en un concepto absoluto acorde con los especialistas en bioética que defienden la doctrina cristiana tradicional.

Uno de los argumentos más frecuentes en contra de la pena de muerte es el que apela al valor supremo de la vida humana, porque es sagrada, es decir, lo más valioso que existe en el mundo, es incomparable e inconmensurable, lo que plantea al hombre como la medida de todas las cosas.

Desde esa percepción el Estado tiene la función primordial de protegerla y no puede abocarse a suprimirla. Alejandro Tomasini hace referencia a este argumento que considera de poca importancia y observa que la idea de lo sagrado presupone una concepción teológica del mundo y había que contemplar creencias tan variadas como la creencia en Dios, de que el mundo es su creación, de que conocemos sus mandatos y de que éstos han sido debidamente interpretados. Para él esta línea de argumentación está destinada al fracaso por dos razones: 1) la lectura del lenguaje religioso es, desde un punto de vista lógico, ininteligible, 2) el hecho es que vivimos en una edad no teológica, por lo que la fundamentación de nuestras creencias tiene que ser de otra índole más que religiosa, es decir, que la razón última por la cual aceptamos o rechazamos tal o cual creencia podemos considerarla como arbitraria y puede estar tan justificada como su contraria. Basado en lo anterior sostiene que el argumento de la santidad de la vida humana sólo podría ser concluyente si de manera crítica se acepta una visión teológica del mundo.[112]

Sin embargo, es importante hacer una diferencia entre filosofía y teología, ya que, desde la razón, la religión no se puede situar en el mismo saber por tener un sentido distinto, es decir, la razón

---

[112] A. Tomasini. *Pena capital y otros ensayos*, Interlínea, México, 1997, pp. 15–17.

no tiene los elementos para poder dar cuenta de la fe. Ricoeur nos expone cuál puede ser la convicción moral más importante, entre filosofía y teología: "la regla de oro", el mandamiento de amar a los enemigos no es ético, sino supra-ético, como toda economía del don a la que pertenece. Para no virar a lo inmoral, el mandamiento debe de reinterpretar la regla de oro y haciendo esto, ser también reinterpretado por ella, situada en el corazón del conflicto entre el interés y el sacrificio de sí mismo. Religa la ausencia de medida propia del amor y el sentido de medida propio de la justicia. "¿Qué clase de relaciones fe / razón estarían invocándose con eso? Esta pregunta me parece que podría retomarse desde el debate sobre el conocimiento de la naturaleza humana, y su carácter histórico."[113]

Ricoeur en su texto *Amor y Justicia* plantea la cuestión de la Regla de Oro entre filosofía y teología.

Incluso admitiendo que la Regla de Oro expresa de manera intuitiva la convicción moral más fundamental, el filósofo y el teólogo le dan una continuación diferente. El primero la vuelve a situar en el trayecto de una empresa de fundamentación de la moral cuyo modelo será dado por Kant. El teólogo no busca una garantía de esta garantía sino que sitúa la Regla de Oro en la perspectiva de una economía del don, cuya lógica específica, la lógica de la sobreabundancia, se opone a la lógica de la equivalencia característica de nuestra idea más elevada de justicia.[114]

Esto es objetable en cierta forma, debido a su arbitrariedad moral: a menos de algunas características empíricas que pueden citarse, no puede haber ningún argumento para tal discriminación. Aquellos involucrados en reformar el trato que

---

[113] A. Francesc y C. Cañón (Edits.) *La mediación de la filosofía en la construcción de la bioética,* Publicaciones de la Universidad Pontificia, Federación Internacional de Universidades Católicas, Madrid, 1993, pp.116.

[114] P. Ricoeur. *Amor y justicia. Op. cit.,* p.53.

damos a los animales señalan que el especismo exhibe la misma arbitrariedad. Éste no es un argumento suficiente por tratar menos a una criatura por el hecho de no ser miembro de nuestro grupo, una justificación adecuada debe citar diferencias pertinentes entre las especies. Aún nos cuestionamos sobre los rasgos que en una vida son de intrínseco.[115]

■ La vida que vale la pena vivir

Se ha sugerido que al destruir de manera consciente la vida o dañarla no estamos destruyendo nada intrínsecamente valioso. Si se pudiera hacer una lista de todo lo que es valioso por su propia causa, se podrían conformar los ingredientes de una vida que vale la pena. Una objeción es que implica la posibilidad de compararse estando vivo y estando muerto. Como Wittgenstein dijo, la muerte no es el evento en la vida: nosotros no vivimos para experimentar la muerte.

Pero nosotros podemos tener una preferencia por estar vivos encima de estar muertos o por estar conscientes encima de estar inconscientes, sin necesidad de hacer "comparaciones" entre cualquiera de estos estados. Nosotros preferimos ser anestesiados en una operación dolorosa, hacer la parada del autobús bajo la lluvia a media noche o bien desear estar en casa durmiendo, pero la mayor parte de nosotros preferimos estar despiertos y experimentar nuestra vida cuando pasa.

Estas distinciones no dependen del punto de vista acerca de "lo que es" estar inconsciente y nuestra preferencia por la vida, no depende de creencias sobre "lo que es estar muerto". Es más bien que tratemos de estar muertos o inconscientes como si nada ocurriera y entonces decidir si esta experiencia es mejor o peor que nada. Así, cuando vemos que la vida o cierto tipo de ella es valiosa estaremos expresando nuestra propensión hacia ella.

---

[115] H. Kuhse. *Op. cit.*, p. 198, (La traducción es nuestra).

■ Ingredientes de la vida

Cualquier lista de los ingredientes para una vida buena sería obviamente disputable. La mayoría de las personas podrían coincidir con muchos artículos, aunque algunos estarán por encima de los que otros podrían defender por siempre. Se está de acuerdo con la premisa de la vida feliz, pero no con respecto a qué es la felicidad, debido a que está última constituye el punto central de la existencia satisfactoria.

■ La vida moralmente poderosa

Este tipo de vida no debe confundirse con una moralmente poderosa. Las virtudes como la honestidad o el sentido de justicia pueden pertenecer a alguien cuya vida está relativamente rota y vacía. La música puede enriquecer la vida de alguien o la muerte de un amigo empobrecer a alguien, sin causar un creciendo virtuoso.[116]

No diré qué clase de valores hacen que una vida valga la pena, pero, fuera de la disputa de cualquier tipo de lista, encuentro que la vida ideal siempre sonó ridícula. Asumiré que este tipo de existencia satisfactoria no es más que una inconsciencia. Es posible explicar lo erróneo de matar a alguien sin presuponer el más mínimo acuerdo acerca de lo que la hace valer la pena.

■ La vida como vehículo de la conciencia

Cuando la vida de alguien vale la pena, se convierte en una buena razón para mantenerla, por lo que sería un error matarlo. Esto es lo que se puede extraer de la doctrina de la santidad de la vida, donde alguien acepta lo que la crítica hace a este respecto. Si hay que preservar la vida sólo porque es un vehículo de la conciencia válida sólo porque es necesaria para algo más, entonces "ese algo más" es el corazón de la objeción particular de matar a alguien. Es a lo que se refiere con el valor de la vida.

---

[116] *Ídem.*

La idea de ubicar la existencia de las personas dentro del valor de su valor no parecería dañino o presuntuoso, sino que indicaría una arrogante bondad para juzgar la vida de los otros. Esto nos recuerda a la gente de la política Nazi, que mataba a quienes estaban dentro de los hospitales mentales. Realmente no se trata de un juicio moral, si pensamos en que la vida de alguien es muy vacía e infeliz como para valer la pena, resulta del esfuerzo de verla desde el punto de vista del paciente o en este caso desde la óptica del condenado.[117]

- **Los efectos sociales del abandono de la santidad de la vida**

Algunas veces las doctrinas de la santidad de la vida han sido defendidas de una manera oblicua. Las implicaciones sociales de la extensión del abandono, porque tomar una vida humana es erróneo, cualesquiera que sean los defectos, no debe ser criticado. Debe afrontarse que siempre hay una posibilidad real de crear una sociedad o, por lo menos, un grupo de personas que piensen que la *indiferencia* por la vida tiene resultados terribles.[118]

5.3 LA IGLESIA CATÓLICA Y LA PENA DE MUERTE

5.3.1 La influencia del cristianismo

Es importante considerar la ambivalente influencia del cristianismo en la solución del problema de la pena de muerte. Hasta el siglo XXI, casi sin excepción, la Iglesia Católica estuvo a favor de la pena de muerte. Algunas veces de forma activa, ferviente, militante. Santo Tomás no fue el único partícipe elocuente de la pena capital, también fue el caso de teóricos "sistemáticos" del catolicismo tradicional.

---

[117] *Ibíd.*, p. 199.
[118] *Ibíd.*, p. 201.

A pesar de todas las manifestaciones de arrepentimiento y de perdón realizados por los católicos con los discursos acerca de los motivos que tuvo la Inquisición y de los errores cometidos por la Iglesia, a pesar de tales consideraciones contra la crueldad de la pena capital, planteadas durante un viaje reciente a los Estados Unidos por el Papa Juan Pablo II, quien se comprometió con la Iglesia y el Vaticano a emprender un combate abolicionista. Pero, a pesar de todo esto, la pena de muerte se ha mantenido, sobre todo en Estados Unidos; sólo algunos obispos, de Francia sobre todo, tomaron partido públicamente en contra.

5.3.2 La posición de la Iglesia

La Iglesia Católica, desde la Colonia, ha estado a favor de la pena de muerte y en muchos casos ha sido el principal tribunal que la ha aplicado. El Santo Oficio de la Inquisición llevó al cadalso a muchos reos por delitos religiosos y políticos. La pena de muerte está en contradicción con la ley divina, pues uno de los mandamientos del Decálogo plantea: "no matarás". Y en las enseñanzas de Cristo, que son las que deben interesar verdaderamente a los cristianos, en ningún momento se acepta y ni siquiera se sugiere su aplicación; cuando Jesús habla de la pena de muerte, aplicada a quien quite la inocencia a un niño en Mateo 18,6: *"... y cualquiera que haga tropezar a alguno de estos pequeños que creen en mí, mejor le fuera que se le colgase al cuello una piedra de molino de asno, y que se le hundiese en lo profundo del mar"*.[119]

Tal como afirma Blázquez en su libro *La pena de muerte:* "Todas las civilizaciones precristianas, de las que poseemos testimonios escritos, admitieron la pena de muerte en sus costumbres y ordenamientos jurídicos. Lo mismo cabe decir de las sociedades que han permanecido fuera del área de la influencia cristiana y dentro del cristianismo".[120]

---

[119] Á. Guadarrama. *La pena de muerte,* Filiberto Cárdenas, México, 2000, p. 218.

[120] J. Gafo. *10 palabras clave en bioética,* Verbo divino, Madrid, 2000, p. 142.

■ Los delitos que condena *La Biblia*

Resulta clara la aceptación y aplicación de ésta en el Antiguo Testamento, que era igualmente admitido en otras culturas. Los delitos que *La Biblia* condena con la pena de muerte son la idolatría, la blasfemia, la profanación del sábado, ciertos pecados sexuales, etc. Se aplica en casos semejantes a otras legislaciones y su justificación procedía no sólo de motivos racionales, de reacciones instintivas del psiquismo humano, sino de fuerzas inconscientes y recónditas, de sentimientos que son como una traducción de la ley del talión: es justo que pague con su vida el que ha matado; el asesino se ha hecho indigno de vivir; el sentimiento de piedad hacia el delincuente se considera como solidaridad y aprobación del delito.

En el Nuevo Testamento hay un clásico pasaje sobre la pena de muerte, el de *Rom 13, 4: "Pero si obras mal tiembla, pues no en vano se ciñe la espada, siendo como es ministro de Dios, para ejercer su justicia, castigando al que obra mal"*.[121] Así como en los tres primeros siglos del cristianismo, la Iglesia Católica tuvo importantes reticencias ante la pena de muerte. Ya a finales del siglo IV e inicios del V cambia de actitud. Como dice Rossi en el *Diccionario enciclopédico moral*, la Iglesia, integrada en el poder después del edicto de Constantino, pareció olvidarse pronto de la sangre de sus mártires y no se esforzó por eliminar la pena de muerte". La conversión de una cantidad significativa de funcionarios llevó a aceptar la praxis penal del imperio. En 405, Inocencio I responde a la pregunta que hace Exuperio, obispo de Tolosa, acerca de qué debe hacerse con los bautizados que sirven de verdugos o con los jueces que imponen penas capitales. Según plantea Vecilla en "Ordenamiento divino de la vida humana", aún continuaba presente en su respuesta la contradicción entre ser cristiano y a su vez condenar a muerte a los seres humanos. La respuesta del Papa fue que las cosas deben continuar como están; no se quiso exponer a perturbar la seguridad pública ni a dar la impresión de que se oponía a las

---

[121] *Ibíd.,* p. 143.

disposiciones de Dios. Ellos —jueces, magistrados, soldados y verdugos— darán cuenta de sus actos.

■ **La pena de muerte en *La Ciudad de Dios***

Siempre se ha planteado que san Agustín fue el primero que articuló una fundamentación de la pena de muerte en *La ciudad de Dios*.[122] Él la justificaba porque servía para conservar el orden social, inducía temor a los criminales y servía de protección a las personas honradas. Por otra parte, insistía mucho en la misericordia cristiana y apelaba a la clemencia de las autoridades.

Tomás de Aquino afirmaba que la pena de muerte era legítima y necesaria para la conservación del orden. Su doctrina será seguida por sus comentadores. Para él, su primera razón es la defensa de la sociedad, puesto que si un hombre es peligroso para la sociedad laudable y saludablemente se le quita la vida para la conservación del bien común. Recurre, como antes lo habían hecho Platón y Séneca, a la metáfora del cuerpo humano, pues el delincuente es un miembro podrido que puede afectar a los demás.

Las *Decretales* del siglo XII reconocían la legitimidad de la pena de muerte impuesta por el Estado. La Iglesia no tenía ese poder, ya que su misión era espiritual, pero no ponía reparos a la ejecución civil, inclusive cuando se imponía a los herejes por delitos cometidos contra la fe y se consolida la posición de la Iglesia en la aceptación de la pena de muerte.[123]

■ **La incompatibilidad con el bien social**

En el siglo XVI, teólogos y juristas españoles profundizaron en la doctrina católica sobre la pena de muerte que, junto con la legítima defensa y la guerra justa, constituyen las excepciones clásicas al quinto mandamiento.[124] Algunos afirman que, de la

---

[122] *Ibíd.*, p. 144.
[123] *Ibíd.*, p. 145.
[124] *Ibíd.*, p. 146.

misma forma que el hombre puede disponer de los animales, también la sociedad tiene el derecho a quitar la vida a algunos de sus miembros, cuando éstos son incompatibles con el bien social. También el delito hace perder al hombre su dignidad humana, por eso no hay inconveniente en quitarle la vida ya que se ha convertido en un peligro para los demás.

La doctrina de la Iglesia, a partir de Constantino y sobre todo, desde el siglo XIII, ha considerado la pena de muerte como una sanción justa y legítima. Esta tesis ha tenido también sus detractores, pues no ha habido plena unanimidad acerca de esto desde los Santos Padres hasta Tomás de Aquino. En efecto, no todo ha sido tan evidente, como lo muestra el rechazo social que se le hizo al verdugo.

Pío XII admite la legitimidad de la pena de muerte y plantea que está reservado al poder público privar al condenado del bien de la vida, como expiación de su culpa y después de que, por su crimen, ha quedado ya desposeído de su derecho a la vida.

■ La posición del Vaticano

El Vaticano II, en la *Gaudium et Spes*, no. 27, condena una serie de agresiones contra la vida humana, entre las que incluye el aborto, la eutanasia y el mismo suicidio deliberado. Añade una serie de violaciones contra la integridad de la persona y la dignidad humana, como mutilaciones, torturas morales y físicas, detenciones arbitrarias, etc., que las califica como infames y degradantes para la civilización humana, aunque no incluye la pena de muerte en esa lista.

Existen varios documentos episcopales que favorecen su abolición. Juan Pablo II abordó este tema en la *Evangelium vitae*, en él valora las actitudes positivas que se oponen a la pena máxima. Plantea que existe una "aversión cada vez más difundida en la opinión pública a la pena de muerte, incluso como instrumento de 'legítima defensa' social, al considerar las posibilidades con las que cuenta la sociedad moderna para reprimir eficazmente el crimen de modo que, neutralizando a quien lo ha cometido, no se le prive definitivamente de la posibilidad de redimirse".[125]

Pero, continuando con los contenidos del *Catecismo*, admite su legitimidad en circunstancias muy graves y excepcionales. Llega a afirmar que estas situaciones no ocurren: "Hoy, sin embargo, gracias a la organización cada vez más adecuada de la institución penal, estos casos son muy raros, por no decir prácticamente inexistentes".[126]

5.4 REFLEXIONES BIOÉTICAS SOBRE LA PENA DE MUERTE

5.4.1 La pena de muerte como instrumento de represión política

La pena de muerte actúa, en la mayoría de los casos, como un instrumento de represión política irreversible e inevitable que afecta en muchas ocasiones a víctimas inocentes. La ONU posee un número considerable de salvaguardas para garantizar la protección de los derechos de los condenados a la pena de muerte. En estas garantías se habla de los derechos y limitaciones que los acusados, como el no condenar a menores de 18 años, a mujeres que van a dar a luz.

De la misma manera, menciona los delitos por los que alguien pueda ser ejecutado y el tiempo que se dispone para efectuar la sentencia. Todos estos puntos favorecen a los condenados, pues les da una esperanza de vida. Los delitos a los que se les aplica este castigo van desde crímenes violentos como asesinato, violación, asalto a mano armada, hasta no violentos, como tráfico de mercado negro, aceptación de sobornos, prostitución e, incluso, en ciertos países, adulterio.

---

[125] *Ibíd.*, p. 150.
[126] *Ibíd.*, p. 147.

Sin embargo, la pena de muerte es arbitraria; en la mayoría de los casos la condena no sólo se determina por la naturaleza del delito, sino también por el origen étnico, la economía u opiniones políticas del procesado. Así, la pena ha pasado a ser un medio que utiliza el Estado para preservar la estabilidad social y el delito es el resultado de dos fuerzas: la física y la moral, tanto objetiva como subjetivamente.

5.4.2 La pena de muerte como castigo

Tomando en cuenta que la pena de muerte es la consecuencia del delito o del acto ilícito contra una sociedad, se puede decir que este castigo tiene un fin específico, ya que se aplica a quien delinque, o sea, a quien cometió algo ilícito y pretende, también, la consecución de fines determinados; es decir, se aplica con el objetivo de que el delito disminuya. Tales supuestos son hipotéticos, pues no se ha comprobado que la pena capital pueda o haga descender los actos ilícitos, aunque se aplique con el fin de hacer justicia o como defensa social; "el efecto más paradójico de esta racionalización es que al legitimar todo el poder punitivo, el derecho penal contribuye a la reducción progresiva de su propio poder jurídico, o sea, del poder de las agencias judiciales".[127]

5.4.3 Reflexión final sobre bioética

No podemos continuar aceptando la aplicación de la pena de muerte desde el punto de vista ético. Cualquier tipo de instrumento que se utilice para su ejecución es macabro, pues no se debe matar por considerar que se está haciendo justicia, porque, si se quiere, es aplicar la venganza, pero a nombre de la sociedad. *Cada vida humana es un fin en sí misma:* La pena de muerte es un homicidio legal a sangre fría. Cualquiera que sea el crimen que un hombre ha cometido, él sigue siendo un ser humano, y cada vida humana tiene dignidad y un valor intrínseco diferente del valor absoluto ya que en ciertas situaciones se privilegian algunos principios sobre el valor inherente de la vida humana

---

[127] E. R. Zaffaroni. *Op. cit.*, p. 25.

como en el caso de la defensa propia y la guerra justa. Pero si la cadena perpetua sin posibilidad de fianza es castigo y disuasión suficiente, atar al prisionero a la silla y darle una dosis letal de gas, descarga eléctrica o la inyección letal es inválido para una sociedad civilizada. La pena capital ha sido la tortura y mutilación legal desde hace años, también es castigo cruel e inusual, por lo que es lúcidamente inaceptable en el mundo actual.

Se está en desacuerdo con el compromiso general de respetar la vida humana, pero imponer la muerte a los delincuentes, quienes no tienen ningún respeto por la vida humana es el compromiso más fuerte que una sociedad puede hacer. Asesinato en primer grado es último crimen y quien lo haya cometido merece pagar el último precio de acuerdo con la ley del talión. Ésta es la forma de pensar en muchos países en los que aún prevalece la pena de muerte, si un castigo entra en esta categoría traspasa los límites de la vida humana y no se puede aceptar en una civilización que lucha por la defensa de los derechos humanos.

La teoría de la rehabilitación sostiene que se debe castigar para inducir a la gente a conformar los estándares de comportamiento que han ignorado o violado. La idea aquí es que la gente surgirá del castigo mejor de lo que era antes.

A pesar de que la rehabilitación con frecuencia acompaña reformas, sus objetivos son diferentes, no son castigar, sino ofrecer a los delincuentes oportunidades para encontrar un lugar útil en la sociedad; aun cuando tengan que permanecer en prisión perpetua o puedan ser liberados de prisión. Las instituciones penales modernas pretenden llenar estos objetivos con servicios laborales, recreativos, educativos, vocacionales y deportivos para los prisioneros.

Por otra parte, la pena capital es impuesta por vías morales y raciales. Las estadísticas muestran dos hechos increíbles de la manera en que es impuesta en algunos países. Primero, los pobres, los no privilegiados y los miembros de los grupos minoritarios, son más propensos a ser ejecutados que los ricos, los que tienen influencia, o los individuos de raza blanca. Segundo, la pena de muerte es más fácil que se otorgue cuando la víctima es miembro de un grupo minoritario o de color, que cuando es de raza blanca. A pesar de todos sus nobles principios, la pena capital muestra su respeto por la opulencia, la vida de los blancos, no por la vida humana en general. Porque su implementación es patente, y por lo tanto injusta, debe ser detenida.

Estas vías además de ser injustas son irrelevantes para la moralidad, después de todo, los cargos han sido hechos contra el sistema de justicia criminal en general, por supuesto dichas vías deben ser desechadas; crímenes comparables a éste deben tener el mismo castigo. Si la pena capital está justificada en los peores crímenes representa un problema para la bioética.

El progreso existe y no al mismo tiempo, pues, en esencia, nada ha cambiado. En la actualidad hay nuevas modalidades de tortura y de horror que son más sutiles y que responden a la evolución de cada sociedad. Es sobre todo en los Estados Unidos donde los movimientos de oposición "armada", si me puedo referir al aborto, se concilian fácilmente con una oposición rabiosa a la abolición de la pena de muerte, vista como el moratorio que llega a suspender la ejecuciones, en razón del gran número de errores judiciales recientemente descubiertos. Se dicen defensores incondicionales de la vida aunque también son los militantes de la muerte. Actúan algunas veces como fundamentalistas cristianos que asocian la lucha contra el aborto con la abolición o la suspensión de la pena de muerte.[128]

Incluso, como ya hemos visto, se ha "humanizado" el acto de su aplicación, aunque en muchos países tratan de abolirla. Hay una voluntad hacia su supresión; es un acto que se debe rechazar como una manifestación de barbarie al causar sufrimiento físico y psíquico a un ser humano con el único fin de dominarlo.

En el año 2001, con motivo de los lamentables ataques a Las Torres Gemelas de Nueva York, los medios de comunicación

---

128 J. Derridá, E. Roudinesco. *Op. cit.,* p. 225. (La traducción es nuestra).

colocaron nuevamente en las vitrinas mediáticas el tema de la pena de muerte. De hecho, cada vez que ocurre un crimen grave como el referido o, en México, cuando delincuentes raptan, queman o cometen homicidios atroces contra la vida de una o a varias personas, siempre se retorna a la misma pregunta: ¿está usted de acuerdo en que se aplique la pena de muerte?, mediante foros estatales de consulta ciudadana, como los recientemente celebrados en el Estado de México con claros mensajes para favorecer el voto a determinados partidos políticos ante el grave problema de la delincuencia; mediante diferentes formas de "consulta" telefónica, llevadas a cabo por algunas televisoras de nuestro país, en las que sorprende que un amplio porcentaje de personas se adscriba a su aplicación a pesar de que desde 1937 en nuestro país no se realiza.

Ante esto, nos asaltan muchas interrogantes pero, por encima de todas, debemos incursionar a fondo acerca de las formas en las cuales las personas conciben no sólo la pena capital, sino la "utilidad" a la que se acogen para expresar dicha actitud.

CAPÍTULO VI

DISCUSIÓN

En este capítulo se presentarán los principales argumentos y reflexiones en contra y a favor de la pena de muerte, que fundamentan la hipótesis direccional siguiente:

Existen enfoques filosófico-morales, jurídicos, psicoanalíticos y bioéticos que fundamentan el derecho a la vida del eros del ser humano, en un contexto cultural que se rige por una pulsión de thánatos.

Argumentos filosófico–morales en contra de la pena de muerte

El verdadero origen de la filosofía debe colocarse en el pueblo griego, podría decirse que Grecia aporta al mundo algo decisivamente nuevo y que, sin embargo, no es un hecho positivo en pleno ni siquiera una ciencia en el más estricto sentido de la palabra, sino una preocupación de índole humana, esto es, una búsqueda en la que entra en juego la razón.

El más perfecto esplendor que la humanidad ha conocido, dentro del período filosófico y experimental, se ha dado por el modo radical de ver del hombre griego las cosas privativas; puede considerarse como un milagro espiritual, lo que será en todo caso un definidor de una postura típicamente humana, pero que tiene relación directa con el cosmos y con todo lo que en él acontece.

Para el hombre el mundo parece un ente ordenado e inteligible que lo incita a un enfrentamiento continuo en el que puede crear su realidad basada en una razón buscada y apetecible.

En esencia, la pena de muerte ha sido la forma exterior del pensamiento en cuanto se habla de "justicia", y podemos referirnos a las filosofías místicas y simbólicas apoyadas en creencias instintivas como manifestaciones de lo racional, de lo lógico, de lo que cabe materializar en una idea humana de reflexión y progreso. Podemos afirmar que la justicia es la superación de las creencias, y es echar a andar al pueblo por los caminos de la razón y del ser moral que por excelencia encierra cada individuo.

Se comprende perfectamente los términos que han pasado a lo largo del pensamiento antiguo: daño, víctima, castigo y victimario. Si estos últimos están fundamentados, llegan a formar parte de la consecuencia de aquello que está desordenado, es decir, tienen que ordenarse y someterse a la, por llamarla así, noción del cosmos (ver esquema No. 1).

Todo pareciera demasiado claro, sin embargo no cabe pensar que lo sea, ya que la investigación de las corrientes filosóficas así lo ha establecido, al unir cada día más el mundo de la moral con el pasado, con las creencias, con el sentido lógico y abismal del mundo.

Por lo tanto estamos ante un fenómeno griego, trazado desde Sócrates, Platón y Aristóteles que plantean con rigor la pena de muerte, que marca el comienzo de una nueva tradición, a pesar de no contar con el código penal que transparenta el milagro de que seamos diferenciados frente a todo proceso especulativo.

Son los filósofos griegos los primeros pensadores que no olvidan que el presente depende del pasado, que la culpa nos condiciona a él, y nos da una aproximación en algunas afirmaciones que con frecuencia excluyen el castigo para hacer válida la pena de muerte.

Sócrates justifica al Estado por atentar contra la vida de alguien que ha cometido una falta grave. La duda es si un castigo ejemplar ha servido realmente para que los seres humanos sigan su vida y logre quitar lo que en su interior tienen de malévolo.

Desde la teoría jurídica, el hombre, dominado en muchos aspectos por el más profundo sentimiento de culpa y aterrorizado incluso por la fuerza de poderes inescrutables, necesitaría, para llegar a la perfección, pasar de la intuición a la realidad, no tocar los sentimientos de la sociedad y anular la visión caótica e instintiva de los criminales.

Aristóteles hace de las leyes, patrimonio de Dios, una ciencia. En ese sentido, los principios de la pena de muerte son remotos, y su *atractivo esencial radica en conocer las angustias y los horrores de un crimen.*

A la luz del ideal platónico, heredado con rigurosa actitud intelectiva por Aristóteles, el pensamiento, esa gran fuerza interior del alma que movió al Estado a reaccionar de este modo, tiene una verdadera importancia para el concepto de la pena de muerte. Para nosotros es interesante poner los ojos en el caso y admitir si es un "acto justo".

Debemos hacernos una cuestión que nos dará la pauta para entender la definición de justicia: ¿heredamos el concepto de perdón? Ésta es una pregunta que a la religión corresponde contestar. En este caso, la herencia es a la vez judía, cristiana e islámica, con un fuerte parentesco católico.

Hay dos disputas, dos lógicas que son concurrenciales y contradictorias, pero activas en el discurso de nuestra herencia. Una permanece como una condición: el perdón no tiene sentido cuando el criminal lo pide. Y el segundo caso es aquel en el cual el culpable reconoce su falta y ya está convencido del arrepentimiento y de la transformación. El verdadero "sentido" de la indulgencia es perdonar aquello imperdonable, a pesar de que en la persona no haya arrepentimiento.

El perdón no es un concepto usado solamente en nuestros días. En la tradición cristiana, la humanidad fue redimida por la muerte de Jesús, que trajo consigo el perdón; por ello, cada individuo debe saber andar por el camino del arrepentimiento.

Cuando Beccaria se pronunció en contra, uno de sus principales argumentos, empleados con una mayor conciencia en relación con las consecuencias, fue la propuesta de prisión perpetua, que contiene mayor fuerza intimidatoria que la misma pena de muerte. Este argumento sostiene que las penas, aun las más extremas, deben servir para que el delincuente tome conciencia y en lo posible evitar que cause nuevos daños a sus conciudadanos, y esto no se logra con la tortura del cuerpo y menos con el aniquilamiento del reo, o sea la supresión de la vida. Agrega que la tortura es fraudulenta y que el castigo personal hacia otra persona no es ético; no tenemos derecho de hacer justicia "con el patrocinio de la ley" para pedir que le quiten la vida a otro ser humano.

En la Europa contemporánea el concepto de "pena" no presenta un sentido único debido a su carga semántica, sino toda una síntesis de sentidos, pues resulta imposible que un concepto constituido con tanta severidad desde la antigüedad no cause tantos estragos.

Para Nietzsche la pena es exhibir a otra persona, hacer un espectáculo para poner en evidencia al enemigo, en este caso el criminal, y, como argumenta en La genealogía de la moral, estar en una guerra constante, no permitir el arrepentimiento del que hemos hablado atrás: "Pena [es] como declaración de guerra y medida de guerra contra un enemigo de la paz, de la ley, del orden, de la autoridad, al que, por considerársele peligroso para la comunidad, un rebelde, traidor y perturbador de la paz, se le combate con los medios que proporciona precisamente la guerra".[129]

La dualidad de lo bueno y lo malo siempre marca un severo peso psicológico, es decir, pretende crear culpabilidad en el criminal, mediante la cual buscará la confesión, redención y arrepentimiento. Así, "la pena tendría el valor de despertar en el criminal el sentimiento de la culpa, ya que en la pena se busca el auténtico instrumentum de esa reacción anímica denominada 'mala conciencia', 'remordimiento de conciencia'. Sin embargo, se sigue atentando, contra la realidad y contra la psicología; así como en contra de la historia más larga del hombre, su prehistoria".[130]

El énfasis del discurso marcusiano radica en que sólo en cierto sentido la idea de una gradual abolición de la represión es el

---

[129] Ibid., p. 103.
[130] Ibid., p. 105.

a priori de un cambio social y que en diferentes aspectos sólo puede ser el resultado.

Un punto más de donde partir para el estudio punitivo del poder lo da Michel Foucault, quien discurre que el castigo no pretende maltratar el cuerpo, aunque en nuestros días las penas físicas continúan aumentando su severidad y dañan también el alma del individuo: "A la expiación que causa estragos en el cuerpo debe suceder un castigo que actúe en profundidad sobre el corazón, el pensamiento, la voluntad y las disposiciones".[131]

Por otro lado, la Ilustración produjo la teoría de que la pena no es un medio sino un fin. Kant subrayó que mediante la razón el hombre debe ser considerado como un fin en sí mismo, contrario a la moral. Con Kant, la hipótesis de la disuasión del delito por medio de la pena capital ha estado cifrada en un imperativo hipotético, pues sostiene que la aplicación de la pena capital se sustenta cuando hay un propósito, aunque la realidad muestra no sólo su improcedencia práctica sino que, al tratarse de la vida, se torna un imperativo categórico a la luz de la Declaración Universal.

Argumentos filosófico–morales a favor de la pena de muerte

¿Alguna vez ha sido moralmente aceptado el castigo? Parece ser una pregunta absurda, ya que es difícil imaginar una sociedad que funcione sin un sistema legal regulador establecido, de hecho, los filósofos están de acuerdo con que el castigo es moralmente aceptado, ellos, como muchos otros, ven el castigo como parte de la autoridad y la ley que necesitan minimizar la incidencia de actos prohibidos. [132]

Aquellos que apoyan la retención o la reinstitución de la pena capital pueden ser nombrados retencionistas, estas personas

---

[131] *M. Focault. Op. cit., p. 24.*
[132] *J. Olen y V. Barry. Applying ethics, 6ª ed., Wadsworth Publishing Company, UEA, 1999, p. 273. (La traducción es nuestra)*

están de acuerdo en que todos los argumentos o los términos que soportan la pena capital sean aceptables, están de acuerdo en que la pena capital debe ser impuesta.[133]

Cuando se tiene la noción de muerte como un acto justo es porque se incorpora como tal. Para el Estado la pena capital constituye un acto legal y, como Aristóteles señaló, "lo establecido por la legislación es legal y cada una de estas disposiciones decimos que es justa".[134]

Países "civilizados", a pesar de su tecnología, sólo han incorporado nuevas formas para hacer menos dolorosa la muerte, pero lo que no logran explicar es por qué se tiene que aplicar la pena de muerte. El derecho de ejecución penal admite que uno de los principios obligatorios es la muerte del criminal, y por ende el Estado está obligado a cumplir la ley en un régimen riguroso.

Con la Revolución Industrial aparecen dos vertientes: la absolutista y la liberal; la primera era opresión total, mientras que la segunda reconocía el derecho de resistencia y el pleno conocimiento de los derechos humanos. Para el absolutismo la pena de muerte es legítima.

La interpretación de Kant dentro del derecho penal se ha vuelto caduca, en relación con el castigo previsto para el homicidio perpetrado en circunstancias especiales como el duelo a muerte y ciertos infanticidios y en los casos de atentado al honor, ya que estamos hablando de otro tiempo y otra realidad. Sólo puede tener algún contenido en un plano teórico, es decir, percibimos que el derecho penal ha perdido importancia dentro de una filosofía del derecho cada vez más centrada en la justicia. Jhon Rawls no aborda la problemática del castigo jurídico en su Teoría de la justicia *y Habermas margina la cuestión en su libro* Facticidad y validez. *El derecho penal preserva aspectos básicos en la interacción de los derechos mutuos en los que interviene, sin cuyo acuerdo quedaría rota la malla intersubjetiva.*

---

[133]   Ibid., *p. 276.*
[134]   *Aristóteles.* Op. cit., *1130b pp. 5-10*

El grado de la pena la resuelve el legislador conforme al principio de autonomía: el criminal determina mediante su acto ese grado, tanto cuantitativo como cualitativo, es decir, de acuerdo con la dimensión de los agravantes y atenuantes se conforma ese ius talionis que amenaza con estricta correspondencia y el caso de delinquir confiere a la sentencia y a la ejecución judicial aquello de que se hace merecedor por su acción libre. Con su actuación ha hecho suyo el castigo con lo que le amenazaba dicha ley del talión.[135]

Feuerbach, por su parte, afirma que en el estado social la pena es una fuerza que se opone al impulso criminal y limita el impulso delictivo. Sin embargo, para Romagnosi la sociedad no es un grupo de individuos sino un elemento completamente diferente, al que llama competencia, como ejemplo se propone la siguiente cita "si la sociedad era una realidad diferente, una vez consumada y agotada la agresión a la persona, debido a la trama social donde puede surgir la compulsión a la repetición como pulsión de muerte destructiva, la agresión se torna un continuo".[136] Esa reflexión le sirvió para conocer y comprender un poco más que el delito que realiza el criminal no afecta sólo a una persona sino a todo el grupo al que pertenece, esto es, a la sociedad.

Argumentos jurídicos a favor de la pena de muerte

El castigo a manos de la autoridad, es decir jurídicamente, tiene sus antecedentes más remotos hacia el año 2080 antes de Cristo, y en general las penas que se dictaban eran de acuerdo con la culpa –adulterio, incesto, brujería y robo– por eso con el tiempo fueron cambiando, a pesar de que no se permitía dejar vivir al criminal.

Los crímenes siguen siendo los mismos, los castigos también, pero lo que ha cambiado es, por decirlo así, la manera de torturar al criminal, ya que según su crimen es la pena, pero la condición sigue siendo la misma. Aunque la tecnología ha avanzado mucho, la muerte es lo que no se puede excluir, sólo se puede suprimir el dolor en cierta medida.

---

[135] *Tomado de R. Brandt. Op.cit., pp. 222-226.*
[136] Ibid., *pp. 267-268.*

En la antigüedad, cuando un individuo cometía un crimen era castigado por los familiares del agredido, se trataba de un acto de venganza, en el que no tenía nada que ver el derecho penal como tal, y lo peor de esta circunstancia era que no sólo iba dirigida hacia una persona, sino que era en contra de todo el núcleo familiar. Esto ocasionaba la llamada "venganza pública", que después se fue suprimiendo por la sentencia a través de un Estado, representado por los reyes y patriarcas, que vigiló que la venganza no excediera al daño recibido y que las penas aplicadas a los individuos fueran crueles y ejemplares, lo que consiguió reducir al mínimo esta expresión violenta.

Desde que el hombre tiene pleno conocimiento de lo que es cometer un crimen se postulan dos tipos de venganza:

La divina, basada en el castigo del cosmos y de los dioses a quienes se había agredido; un claro ejemplo de esta aplicación son las tribus de la prehistoria y las posteriores civilizaciones.

La pública, convertida en regulador de las instituciones, para lo cual era indispensable la aparición de jueces, quienes tenían el derecho de conocer y valorar los hechos para resolverlos e imponer castigos de acuerdo al crimen hecho por el agresor.

Conforme los estados se consolidaron, comenzaron a distinguirse los delitos privados de los públicos, según el hecho lesionara de manera directa, los intereses de particulares o del orden público.

La relación que se establece entre la víctima y el victimario es una visión esquemática. La víctima es el individuo que ha recibido un daño directo que encarna una falta máxima o irreparable. En el otro extremo, el victimario es el que le ha quitado a la víctima lo más preciado y bioéticamente defendible: la vida.

Pasemos al origen de los reglamentos penitenciarios que surgieron en el siglo XIX para legalizar los castigos que no atentaban con la naturaleza de cualquier ser humano. Tanto la culpabilidad como la prisión, y aún la ejecución, provocan en el individuo una marca que jamás podrá quitar de su vida, estos reglamentos pretendían mejorar el trato hacia el criminal, ya que la persona que recibe malos tratos no se transforma en buena; entonces se decidió que los reglamentos penitenciarios se rigieran por la sentencia y no por las ejecuciones.

En los siglos XIX y XX se dieron tres tipos de argumentos para justificar la pena de muerte. El primero con carácter de retribución o expiación, asociado con la pena, que restablecía el orden violado, evitaba el relajamiento del orden moral y defendía el bien, este argumento fue utilizado en el siglo XIX por D'Hulst, Séller, Herbert y Kant. El segundo fue de carácter disuasorio o intimidatorio para impedir los actos delictivos. Y el tercero de carácter de resguardo social: la necesidad de la pena de muerte como última razón para la salvaguardia de la sociedad y la protección del orden público. Aunque también comenzaron a aparecer otros que pueden considerarse abolicionistas condicionados o circunstanciales; que planteaban como una institución de derecho natural, aunque no siempre o en todas las circunstancias era necesario aplicarla.

La relación entre delito y castigo ha llevado a discusión uno de los elementos que le subyacen: la visión taliónica *o búsqueda de una correspondencia tácita entre la gravedad del delito y el castigo, en otras palabras, la búsqueda de la venganza. Este eje ha permanecido como premisa fundamental en casi todas las épocas, culturas y sistemas jurídicos, especialmente en la aplicación de la pena de muerte. Pero la díada crimen y castigo no sólo se refiere a la ley taliónica, sino que implica una categoría más profunda: la justicia.*

Thomas Hobbes, el defensor del absolutismo inglés, tenía como defensa el famoso estado de naturaleza concebido como bellum omnium contra omnes, *en el cual los hombres depositaban su poder en un soberano encargado de mantener el orden y la paz del Estado. La ley era inexorable pues de lo contrario se quebraba el contrato. Por lo tanto, en el estado natural de Hobbes no hay derechos, sino una regresión al salvajismo que conduce al absolutismo.*

Los argumentos a favor de la pena de muerte aducen que es merecida porque actúa como medio de control para evitar ilícitos; en caso de no ser así, castiga de forma tajante a quienes han cometido algún acto atroz, por ejemplo, una falta grave que algún asesino, ladrón o delincuente realizara. Es un medio de represalia para las víctimas que se emplea con el fin de que el criminal no reincida en el delito. En el siglo XIX el saber penal alcanzó un alto nivel, aunque bajo el signo contradictorio entre la necesidad de limitar y la de legitimar. Hobbes y Locke explicaron que en el siglo XVIII se generalizó la idea de inferioridad: el primitivismo y el salvajismo en los países colonizados con hombres asalariados.

En Europa comenzó a declinar este pensamiento en el momento en que los legitimantes del poder social, como Kant, clasificaron a los humanos como salvajes civilizados, porque lo único que los justificaba era su racionalidad. Al admitirse esto, la ley talional penal sólo se empleó para los civilizados; y los salvajes serían tutelados, controlados o colonizados. El pensamiento penal comenzó a descender y llegó a su punto más bajo cuando el etnocentrismo se redujo a un biologismo racista, de aquí nació la antropología y la criminología que consideran al hombre como un ser inferior. El derecho dejó de ser penal para convertirse en un discurso funcional para las agencias policiales al servicio de las prácticas burocráticas.

Argumentos jurídicos en contra de la pena de muerte

En el derecho penal la ejecución pretende fundarse como una ideología de mejoramiento. Esto entra en contradicción pues la prisión es un lugar conocido ya como degradante que no mejora acción alguna ni convierte en buena a la persona. Debido a que la ejecución penal es diferente a la sentencia es importante que un tribunal siga la ejecución en todo su curso para tomar decisiones.

Precisamente la autoridad central, el gobierno o, más recientemente, el sistema judicial de los estados-nación, surgen para sostener el status quo o, en caso de conflicto, para restaurar el orden por medio de leyes que siguen manteniendo la visión taliónica, pero que ahora la ejerce un tercer elemento que determina, para su cumplimiento, los castigos y, entre ellos, la pena de muerte.

El poder de los jueces y verdugos se acrecienta con el "perdón" y el "indulto". En todo esto intervienen factores extrínsecos: políticos, psicólogos, etc. En el proceso que se sigue: en el juicio, la condena, las apelaciones, los aplazamientos, los indultos y la ejecución, hay actos implícitos de crueldad que implican una cosificación del hombre por el hombre. A nombre de la sociedad se ejerce una violencia para, en apariencia, liberar a la sociedad de la violencia.

El derecho penal liberal, el inicio del discurso político que puso límites a la Inquisición, se inició en el siglo XVIII y se mantuvo hasta parte del siglo XIX. Sin embargo, en la segunda mitad del siglo XIX tiene su máximo crecimiento: las agencias policiales se separan de las judiciales, que tenían gran poder; éstas, junto con el dominio de las agencias médicas, formaron un discurso penal que provocó la caída del pensamiento.

En el siglo XVIII surge la revolución industrial y, con ella, la clase social creciente se propuso limitar el poder punitivo. El ascenso de los industriales y la decadencia de los nobles provocaron un avance en el pensamiento del derecho penal, pues se requirió un discurso jurídico limitador, que constituyera la versión funcional del derecho penal liberal.

Durante el siglo XVIII y parte del XIX, la prisión se consideró casi como la única sanción; las personas no podían ser eliminadas por medio de la pena de muerte, se generalizó el uso de la prisión y del manicomio como instituciones fiscales y de secuestro.

Los penalistas del contractualismo tenían que legitimar el poder punitivo y acotarlo; debían explicar la transformación de las penas en la segunda mitad del siglo XVIII y la primera mitad del siglo XIX: se pasó de las penas corporales a las penas privativas de libertad, a esto se le llamó "proceso de humanización del derecho penal", en el cual la privatización de la libertad era el eje central de las penas. A estas alturas se entendió que el delito era una violación contractual que debía ser indemnizada. Así nacen las bases del derecho penal como discurso limitador de la punición que pretende un debate acusatorio con derecho a la defensa.[137]

Con la pena capital ha desaparecido la esperanza, así lo recuerda Paul-Louis Landsberg al citar a Miguel de Unamuno: "La esperanza es el más noble fruto del esfuerzo que realiza el pasado para hacerse futuro, es lo que en el más propio sentido produce y le hace ser efectivo".[138]

En contraste, otros delitos paralelamente graves no han conducido (para bien) a la pena capital. Los agentes que se asocian a este dictamen absolutorio, o de menor penalización, tienen relación con la etnia, la capacidad económica, la ubicación política, la raza y la "habilidad" de los abogados para condicionar el caso u obtener la benevolencia de los jueces.

El estado de derecho es la contención del Estado en el cual todos los participantes se someten por igual a la ley, es un avance a la modernidad, no sólo política y jurídica, sino también filosófica. Se han desarrollado tres tendencias: los hegelianos de izquierda, los de derecha y los antihegelianos. Para los hegelianos de izquierda la modernidad era un problema aún no realizado; para los de derecha era un proyecto ya realizado y para los antihegelianos era imposible la modernidad. La modernidad –según Hegel– separa al Estado de la sociedad civil, que tenía como principal rector a la razón. El fundamento del Estado debía ser la libertad y las garantías impuestas por la autoridad.

La pena de muerte siempre fue el efecto de una alianza entre un mensaje religioso y la soberanía de un Estado, aunque es de suponer, hablando de alianza, que el concepto de Estado no es de esencia profundamente religiosa. En la figura de un monarca, una persona, un presidente o gobernador, la soberanía

[137] R. Zaffaroni. Op. cit., pp. 72, 273.
[138] P. Landsberg. Op. cit., p. 49.

del Estado se define como la que tiene poderes de vida y de muerte sobre los sujetos.

Argumentos psicoanalíticos en contra de la pena de muerte

En La detención de la agresión por la culpa, *León Rozitchner presenta sus ideas del contexto de nuestra indagación, como la referencia al problema de la agresión, planteado por Freud en el sentido de la pulsión de muerte como disgregador de lo que no puede desarrollarse, de lo que queda detenido, aquello que no tiene la tensión hacia una nueva forma.[139] Rozitchner asevera, basándose en Freud, que el sentimiento de culpa es un "método" cultural de dominio y cabe entenderlo si extendemos su dominio hasta el "método" científico, al cual podrá limitar, no ha transformado de manera previa el dominio ejercido por la cultura represiva en el yo dominado del hombre de ciencia.*

La pena de muerte no tiene un poder o facultad especial para reducir la delincuencia o la violencia política, no ha disuadido al delito con mayor eficacia que otras penas, o sea, no surte gran efecto sobre la sociedad. Asimismo, es bien sabido que es discriminatoria y se ha empleado desproporcionadamente contra personas de determinadas etnias, comunidades, religiones o contra los más pobres y eso se puede ver a lo largo de la historia de la humanidad; mientras tanto se ha sostenido que el derecho penal lleva en sí un carácter represivo, con un poder punitivo como parte de la cultura, en un sentido que renovaría, de alguna manera, la obra de Freud: la represión de las pulsiones como origen de la cultura.[140]

Freud en nuestros días se coloca en desventaja respecto de quienes lo ignoran. ¡Qué poderosa debe ser la agresión como impedimento de la cultura si la defensa contra ella puede volverlo a uno tan desdichado como la agresión misma! La ética llamada "natural" no tiene nada que ofrecer aquí, como no sea

---

[139] *N. Braunstein (comp.)* Op. cit., *p. 265.*
[140] *R. Zaffaroni.* Op. cit., *p. 91.*

la satisfacción narcisista de tener derecho a considerarse mejor que los demás. En cuanto a la que se señala en la religión, hace intervenir en este punto sus promesas de un más allá tal vez mejor. Se considera que mientras la virtud no sea recompensada sobre la tierra en vano se predicará la ética. Parece también indudable que un cambio real en las relaciones de los seres humanos con la propiedad aportaría mayor coherencia que cualquier mandamiento ético; empero, para los socialistas, esta intelección es enturbiada por un nuevo equívoco idealista acerca de la naturaleza humana y con ello pierde su valor de aplicación.

Pues a su entender, la cuestión decisiva para el destino de la especie humana es dominar la perturbación de la convivencia que proviene de la humana pulsión de agresión y de autoaniquilamiento.[141] *Los seres humanos han llevado tan adelante su dominio sobre las fuerzas de la naturaleza que, con su auxilio, les resultaría fácil exterminarse unos a otros, lo saben; de ahí buena parte de la inquietud contemporánea, de su infelicidad, de su talante angustiado. Y ahora cabe esperar que el otro de los dos "poderes celestiales", el eros eterno, haga un esfuerzo por afianzarse en la lucha contra su enemigo igualmente inmortal.*

Siguiendo a Freud, el desarrollo individual aparece como un producto de la interferencia entre dos aspiraciones: el empeño por alcanzar la dicha, que llamamos "egoísta" y el de convivir con los demás en la comunidad, que denominamos "altruista". Estos dos enunciados no van mucho más allá de la superficie. Según se ha mencionado, en este desarrollo el acento principal recae sobre la aspiración egoísta o de dicha; la otra, que se diría "cultural", se contenta por lo regular con la representación de una limitación. De manera diferente ocurre en el proceso cultural; aquí lo principal es producir una unidad a partir de los individuos y aunque subsiste la meta de la felicidad, ha sido esforzada al trasfondo. Parece que la creación de una gran comunidad humana se lograría mejor si no hiciera falta preocuparse por la

---

141 S. Freud. Op. cit., p. 140.

dicha de los individuos. El desarrollo del individuo tiene rasgos particulares que no se reencuentran en el proceso cultural de la humanidad; sólo en la medida en que el primer proceso tenga por meta acoplarse a la comunidad coincidirá con el segundo.

Freud menciona, en sus trabajos sobre el super-yo, que la cultura ha plasmado sus ideales y planteado sus reclamos, esto alude a los vínculos recíprocos entre los seres humanos que se sintetizan bajo el nombre de ética. Anteriormente se atribuyó el máximo valor a esta ciencia, como si se esperara justamente de ella unos logros de particular importancia. En efecto, la ética se dirige a aquel punto que fácilmente se reconoce como la crítica de toda cultura. Ha de comprenderse como un ensayo terapéutico, como una reflexión para lograr por orden del super-yo lo que hasta ese momento el restante trabajo cultural no había conseguido. Ya sabemos que, por esa razón, la cuestión aquí es cómo levantar el máximo obstáculo que se opone a la cultura: la inclinación ontológica de los seres humanos a agredirse unos a otros; por eso nos resulta de particular interés el mandamiento cultural acaso más reciente del super-yo: "Ama a tu prójimo como a ti mismo".

En la indagación de la cura de las neurosis se llega a cuestionar al super-yo del individuo: ¿por qué se cuida muy poco de la dicha?, no toma en cuenta las fuerzas que se oponen a su obediencia, a saber, la intensidad de las pulsiones del ello y las dificultades del entorno circundante objetivo real. Por eso en la cura nos vemos precisados muy a menudo a combatir al super-yo y a rebajar sus exigencias. Objeciones, en un todo semejantes, podemos dirigir los reclamos éticos del superyó de la cultura. Tampoco se cuida lo suficiente de los hechos de la constitución anímica de los seres humanos, ya que se proclama un mandamiento y no pregunta si se podrá obedecer.

Junto al eros hay una pulsión de muerte. La acción eficaz conjugada y contrapuesta de ambas permite explicar los fenómenos de la vida. Como lo vemos en lo dionisiaco y apolíneo de la cultura griega. Ahora bien, no es fácil indagar la actividad de esta pulsión de muerte. Las manifestaciones del eros son llamativas y ruidosas; cabe pensar que la pulsión de muerte trabajaba muda dentro del ser vivo en la obra de su disolución, pero desde luego eso no constituye una prueba. Más lejos lo llevó la idea de que una parte de la pulsión se dirige al mundo exterior y entonces sale a la luz como pulsión para agredir y destruir. Así la pulsión sería compelida a ponerse al servicio del eros, en la medida en que un ente aniquilaba al otro, animado o inanimado, y no a sí mismo.

El sadismo y el masoquismo han tenido siempre ante nuestros ojos las exteriorizaciones de la pulsión de destrucción, dirigida hacia fuera y hacia adentro, con fuerte liga de erotismo; pero ya se comprende que podamos pasar por alto la ubicuidad de la agresión y destrucción no eróticas y dejemos de asignarle la posición que se merece en la interpretación de la vida. (En efecto, la manía de destrucción dirigida hacia adentro se sustrae casi siempre de la percepción cuando no está coloreada de erotismo). Recuerda su propia actitud defensiva cuando por primera vez emergió en la bibliografía psicoanalítica la idea de la pulsión de destrucción y el largo tiempo que tuvo que pasar hasta que se volviera receptivo para ella.

Freud se situó en el punto de vista de que la inclinación agresiva es una disposición pulsional autónoma, originaria, del ser humano; sostuvo que la cultura encuentra en ella un obstáculo muy poderoso. En algún momento de esta indagación se nos impuso la idea de que la cultura es un proceso particular que abarca a la humanidad en su transcurrir, y seguimos cautivados por esa idea. Ahora agregamos que sería un proceso al servicio del eros, que quiere reunir a los individuos aislados, luego a las familias, después a las etnias, los pueblos y las naciones, en una gran unidad: la humanidad.

¿Pero por qué debe acontecer así? No lo sabemos; sería precisamente la obra del eros. Esas multitudes de seres humanos deben ser ligados libidinosamente entre sí; la necesidad, las ventajas de la comunidad de trabajo no los mantendrían cohesionados. Ahora bien, a este programa de cultura se opone la pulsión agresiva natural de los seres humanos, la hostilidad de

uno contra todos y de todos contra uno. Esta pulsión de agresión es el retoño y el principal subrogado de la pulsión de muerte que hemos descubierto junto al eros y con quien comparte el gobierno del universo.[142]

El psicoanálisis contiene una teoría de los instintos; a decir verdad, la primera teoría verificable que en el caso del hombre se haya dado en su dimensión inconsciente. Nos muestra a éste empeñado en un metamorfismo en que la fórmula de su estructura, su dirección y su objeto son intercambiables. Los Triebe, o pulsiones, que se aíslan en ella, constituyen tan sólo un sistema de equivalencias energéticas al que referimos los intercambios psíquicos, no en la medida en que se subordinan a alguna conducta ya del todo montada, natural o adquirida, sino en la medida que simbolizan, y a veces hasta integran dialécticamente, las funciones de los órganos en que aparecen los intercambios naturales.

El ser humano, tal como se plantea, está provisto de una pulsión de vida que le impele a la búsqueda del placer, es decir, tanto a la emergencia de las satisfacciones pulsionales como a la liberación de los estados de angustia o de displacer. Pero es aquí donde entra en juego la pulsión de muerte, como una fuerza irremediablemente ligada a la pulsión de vida, y puede asumir tendencias a la autodestrucción, compulsión de repetición o pulsión de destrucción.

Es aquí donde la pulsión de muerte representa un obstáculo para la cultura, pues en su manifestación de agresividad destructiva perturba las relaciones entre los seres humanos, en tanto busca el desligamiento, el aniquilamiento del otro para convertirlo en objeto inanimado.

Freud advierte que en el proceso histórico, el ser humano aprendió primero a conceptuar la muerte del otro, del extraño o del enemigo, en forma distinta. La muerte de los demás era grata,

---

[142] Ibid., p. 118.

suponía el aniquilamiento de algo odiado y el hombre primordial no tenía reparo alguno en provocarla. Era, de cierto modo, un ser extraordinariamente apasionado, más cruel y más perverso que otros. Así crueldad y pulsión sexual se co-pertenecen, asegurando la existencia de un componente agresivo de la libido.

Desde una lectura eminentemente freudiana y de acuerdo con las reflexiones de León Roztichner, el ser humano plantea la pena capital como resultado de la pulsión de muerte, en tanto dicha fuerza primaria concibe que el objeto o el ser ya no puede desarrollarse pues ha quedado detenido. Pero esta pulsión de muerte, convertida en destrucción del otro, paradójicamente, es lo que puede conducir a una amplia discusión y análisis; a una tarea edificante que ponga de manifiesto la improcedencia y la devastación bioética que representa la práctica de la pena de muerte. Con esto se estaría entrando en juego, desde la pulsión de vida, con su antagónica: la pulsión de muerte, aludiendo a la expresión referida por Jacques Lacan: "Lo mejor es el enemigo del bien".[143]

Entre crimen y castigo hay una relación muy grande; como dice Lacan del crimen en su relación con la realidad del criminal: si el psicoanálisis da su pivote social fundamental. La idea del castigo es una característica del hombre que pervive en un grupo social dado en una civilización en la que sus ideales sean cada vez más utilitarios; comprometida con el movimiento acelerado de la producción, no puede conocer nada de la significación expiatoria del castigo. Retiene el alcance ejemplar, ya que tiende a absorberlo en su fin correccional que cambia insensiblemente de objeto. Los ideales del humanismo se resuelven en el utilitarismo del grupo. Y el grupo que hace la ley no está, por razones sociales, del todo seguro respecto de la justicia de lo fundamental de su poder, por lo que se remite a un humanitarismo en el que se expresan, de la misma manera, la sublevación de los explotados y la mala conciencia de los explotadores, a los que la idea de castigo se les ha hecho insoportable.

---

[143]   *J. Lacan.* Op. cit., *p. 262.*

Argumentos bioéticos en contra de la pena de muerte

La bioética tiene que ser racional y no la confundamos con racionalista, que ha sido una interpretación de la racionalidad que ha pervivido durante muchos siglos en la cultura occidental, pero que en la actualidad resulta inaceptable por completo. La tesis de racionalismo se basa en que la razón puede conocer a priori el todo de la realidad, por tanto es posible construir un sistema de principios éticos desde el que se deducen con precisión matemática todas las consecuencias posibles. Tal fue la ilusión de Spinoza en su Ética demostrada según el orden geométrico. Desde la época de Gödel sabemos que ni la propia razón matemática tiene capacidad de constituir procedimientos completos y autosuficientes, lo cual explica que la racionalidad humana tiene siempre un carácter abierto y progrediente, con un momento a priori o principalista y otro a posteriori o consecuencialista. La razón ética no es la excepción a esta regla y ha de desplegarse siempre en ese doble nivel.

Potter afirmó que la bioética fue proyectada como una nueva disciplina que combinara el conocimiento biológico con el conocimiento de los valores humanos, entendiéndola como una nueva cultura, como el encuentro necesario entre los hechos. Sin embargo, un tanto desengañado por los derroteros, excesivamente médicos, de la bioética en los años setenta y ochenta, acuñó otro término, Global Ethics, que en su opinión expresa mejor que el anterior su verdadero pensamiento.[144]

A partir de aquí, cobra todo su sentido la definición de la bioética como el proceso de confrontación o de contraste de los hechos biológicos con los valores humanos, a fin de globalizar los juicios sobre las situaciones y de esa forma mejorar la toma de decisiones, incrementando su corrección y su calidad. La culminación, y a la vez crisis, de todo este proceso se encuentra en la obra de Kant acerca de los deberes perfectos e imperfectos, la fundamentación de la metafísica de las costumbres. Después

---

[144] *D. Gracia. Op. cit., p. 30.*

de establecer la primera fórmula del imperativo categórico, la de la universalización de las máximas, añade la enumeración de algunos deberes, en aquellos para con nosotros mismos y para con los demás hombres, es decir, deberes perfectos e imperfectos respectivamente.[145] Kant entiende por deber perfecto el que no admite excepción a favor de las inclinaciones y entonces tengo deberes perfectos, no sólo externos sino también internos, cosa que contradice el uso de las palabras en las escuelas. Resulta evidente que Kant se distancia de la definición clásica de los deberes perfectos como aquellos que se refieren a los otros, e imperfectos; son los que se refieren a uno mismo. O sea, perfectos son los que no admiten excepciones, e imperfectos los contrarios.

El primer ejemplo que Kant pone de deber perfecto, es el deber de no atentar contra la vida, conservándola aún en caso de que se torne prácticamente irresistible. La máxima de quitarse la vida por egoísmo no se puede universalizar y, por tanto, no se puede pensar sin contradicción; luego es intrínsecamente mala y no tiene excepciones. Cabría preguntar a Kant lo que sucedería si uno quisiera quitarse la vida, no por egoísmo sino por altruismo; por ejemplo, por no ser oneroso a los familiares. Esa máxima sí se puede universalizar sin producir contradicción. Por otra parte, tampoco está dicho por qué la máxima del egoísmo no sea universalizable o no se pueda realizar ninguna acción contra la vida en esas circunstancias. Lo que Kant hace es juzgar máximas, no actos.

Kant, en la metafísica de las costumbres, en una enunciación individual de justicia individualista, basada en la siguiente pregunta: ¿me daría yo por cumplido con el término justo si mi máxima proposición de justicia debiese valer como ley universal? De contestar positivamente, esa propuesta pasa a ser justa. Sin embargo lo que Kant está haciendo no es crear una noción de justicia social, sino reflejando la capacidad de juzgar que poseen los individuos siguiendo su propia lógica. Siguiendo el razonamiento

---

[145] Ibid., p. 38.

de Kant llegaríamos a una noción de justicia objetiva a través de resoluciones subjetivas, lo cual es incompatible. ¿Cómo se podría catalogar objetivamente la pena de muerte dentro de éste concepto de justicia? Posiblemente la mitad de las personas contestarán de manera rápida de acuerdo a su lógica de manera subjetiva, que es justa, mientras la otra mitad dirá lo contrario que es injusta. Rawls, objetiva la noción de justicia si se postula un proceso como el kantiano pero en el que se hacen públicas las máximas y las opiniones requiriéndose una valoración social de la misma. Esta objetivación de la justicia en instituciones *justas, en términos ricoeurianos, que nos permite criticar a las dictaduras ya que si se reconoce la existencia de valores justos objetivos* per se, *cualquier individuo podría considerar que él es el que los posee y de esta manera resolver qué es justo que él mismo imparta su noción de justicia al resto de la humanidad, -como es el caso de la pena de muerte en algunos Estados de la unión Americana-. De esta forma toda persona con poder podría justificar su imposición frente a otros; desencadenando una lucha en el que el más fuerte resultará siendo precisamente el más justo.*

Así, Rawls nos rescata del problema subjetivista de los valores éticos objetivándolos en el consenso de las instituciones sociales, de forma tal que la noción de justicia de los individuos, pero no así su capacidad de juicio, es delegada a la sociedad y el gobierno. Por lo tanto se transfiere que la justicia pasa a ser una de las justificaciones a la existencia de algún ideal de gobierno, lo cual no debe extrañarnos por su carácter de bien público. Asimismo, la inclusión de la justicia como una manifestación social acentúa la relevancia temporo-espacial de las nociones de justicia.

En cuestiones de bioética, los conceptos tienen siempre relevancia antropológica, a la vez que sus definiciones se inscriben en el marco de conocimientos disponibles de las tecnociencias. Sus aportaciones reclaman en cada momento histórico ser completadas por otro saber sobre el hombre que se articula en racionalidad filosófica, pero que hunde sus raíces en las tradiciones, en la cual cobran significación moral los conceptos cuya definición o redefinición se buscan.

Las controversias morales parecen ser irresolubles y, aunque las ortodoxias establecidas y las normas de "corrección políticas" dan la impresión de suprimir algunas, las antiguas preguntas permanecen invariables. Esto es, sobre todo, aplicable a la bioética, que estudia las cuestiones relacionadas con la vida y la muerte.

Platón y Aristóteles trataron la moralidad del aborto y el infanticidio; Platón examinó también las cuestiones de la asignación de recursos a la sanidad y el consentimiento informado.

En la misma raíz de la ética residen numerosas ambigüedades; ni siquiera hay una sola acepción de ética sino una familia de ellas. En primer lugar, tiene que estar claro el significado y el tipo de moralidad para poder responder a preguntas de su tipo. Se puede interpretar la moralidad como una explicación por la que deben guiarse los agentes en sus actos para así ser loables o censurables. En estas explicaciones, los agentes representan el papel primordial: sólo ellos pueden ser sujeto de censuras o alabanza justificada. ¿O es la moralidad, por el contrario, una explicación de cómo maximizar la felicidad y la satisfacción?

Tal vez se obtenga la mejor interpretación de la moralidad, si la consideramos con independencia de lo que deben lograr los agentes y fijamos nuestra atención en la consecución del bien. La reflexión filosófica moral contemporánea, que tiene lugar en el seno del mundo académico, aborda tan sólo una pequeña parte de las cuestiones que interesan a las personas que se preocupan por lo que debe considerarse como conducta adecuada y con objetivos deseables. No se trata sólo de que el límite entre las consideraciones morales y estéticas no está claramente delimitado, sino de que también hay una preocupación por la deshonra, por la pureza e impureza, por la decencia y la indecencia, que eliden hacia consideraciones morales acerca de la forma de actuar debidamente para alcanzar el bien, para merecer alabanza.

La mayoría de nosotros vivimos la mayor parte de nuestra vida en función de la ética, en el sentido de ethos; y en función de esta misma se nos prestan la mayor parte de los servicios relacionados con la asistencia sanitaria y, diríamos también, la rehabilitación y adaptación de los delincuentes y así fracturar la posibilidad de la pena de muerte contemplada en nuestra Constitución y en el Código de Justicia Militar. Desde el interior de una matriz asumida de valores, derivamos muchas de nuestras intuiciones morales y, antes incluso de que nos convirtamos en sujetos racionantes morales, que tienen conciencia de sí mismos, tenemos a nuestra disposición conciencias ya formadas.

Los cánones legales a menudo se consideran equivalentes a cánones éticos. Sin embargo, no se habla sólo de leyes buenas y de leyes malas, sino también de leyes que deben ser desobedecidas. Como creación de las fuerzas políticas y del compromiso, la ley refleja sólo parcialmente las costumbres de una sociedad o de juicios morales asentados. Esto se aprecia con mayor claridad cuando existe un marco legal que abarca a varias comunidades que defienden criterios divergentes de la vida buena.

Glover en Kuhse, plantea que no se puede evitar tener reverencia por todo lo que se llama vida. Éste es el principio y raíz de la moralidad para las personas que no son asesinos, administradores de campos de concentración, o soñadores de fantasías sádicas, la inviolabilidad de la vida humana parece ser en sí misma tan evidente que podría parecer vano recurrir a ella.

El ser humano es intrínsecamente valioso, vale la pena mencionar que la objeción a tomar una vida humana no debe descansar en lo que a veces se llama "especismo" (especie); la vida humana ha sido tratada con una prioridad particular sobre la vida animal simplemente por ser humana, ésta tiene una analogía con el racismo en su más pura forma, según la cual las personas de una cierta raza han de ser tratadas diferente simplemente por ser miembros de ella, sin ningún argumento fundamentado refiriéndose sólo a los rasgos que esa raza les ha dado. Esto es objetable parcialmente debido a su arbitrariedad moral; a menos que algunas características empíricas que pueden citarse, no puede haber ningún argumento para tal discriminación.[146]

Una vida que vale la pena no debe confundirse con una vida moralmente poderosa. Las virtudes morales como la honestidad o un sentido de justicia pueden pertenecer a alguien cuya vida está relativamente rota y vacía. La música puede enriquecer la vida de alguien, o la muerte de un amigo empobrecer a alguien, sin causar un crescendo *virtuoso.[147]*

Fuera de la disputa de cualquier tipo de lista, la vida ideal siempre sonó ridícula. Asumiré entonces que esto tiene más que ver con una mera inconsciencia. Sería posible explicar lo erróneo de matar a alguien en parte en términos de la destrucción de una vida que vale la pena, sin presuponer el más mínimo acuerdo acerca de lo que hace que una vida sea satisfactoria.

A pesar de todos los movimientos de arrepentimiento y de perdón realizados por los católicos; a pesar de los discursos acerca de los motivos que tuvo la Inquisición y de los errores cometidos por la Iglesia. A pesar de tales consideraciones contra la crueldad de la pena capital, planteadas durante un viaje reciente a los Estados Unidos por el Papa Juan Pablo II, éste se comprometió con la Iglesia y el Vaticano, a emprender un combate abolicionista. Pero, a pesar de todo esto, la pena de muerte se ha mantenido, sobre todo en Estados Unidos. Sólo algunos obispos, sobre todo de Francia, tomaron partido públicamente contra la pena de muerte, al menos contra su conservación en este último país.

En los tres primeros siglos de cristianismo la Iglesia Católica tuvo importantes reticencias ante la pena de muerte. Ya a finales del siglo IV e inicio del V, cambia de actitud. Como dice Rossi en el Diccionario enciclopédico de teología moral[148], la iglesia, integrada en el poder, después del edicto de Constantino, pareció

---

[146] *H. Kuhse.* Op. cit., *p. 198.*
[147] Idem.
[148] *Leandro Rossi* Diccionario enciclopédico de teología moral, *s. p.*

olvidarse pronto de la sangre de sus mártires y no se esforzó por eliminar la pena de muerte.

En el siglo XVI, teólogos y juristas españoles profundizaron en la doctrina católica sobre la pena de muerte que, junto con la legítima defensa y la guerra justa, constituyen las excepciones clásicas al quinto mandamiento.[149]

El Vaticano II, en la Gaudium et Spes, no. 27, condena una serie de agresiones contra la vida humana, entre las que incluye el aborto, la eutanasia y el mismo suicidio deliberado. Añade una serie de violaciones contra la integridad de la persona y la dignidad humana como las mutilaciones, torturas morales y físicas, detenciones arbitrarias, como infamantes y degradantes para la civilización humana, pero no incluye la pena de muerte en esa lista de violaciones contra la dignidad de la persona.

Juan Pablo II abordó este tema en la Evangelium vitae, y valoró positivamente las actitudes que se oponen a la pena máxima, asimismo planteó la existencia de una aversión cada vez más difundida en la opinión pública a la pena de muerte, incluso como instrumento de "legítima defensa" social, al considerar las posibilidades con las que cuenta la sociedad moderna para reprimir eficazmente el crimen de modo que, neutralizando a quien lo ha cometido, no se le prive definitivamente de la posibilidad de redimirse.

Una vez, analizados los argumentos a favor y en contra de la pena capital, y considerando que la bioética, como el área que engloba diversas perspectivas interdisciplinarias, representa un nuevo paradigma intelectual y cultural con base en los principios generales de la vida y la ética, llega a la conclusión de que la pena de muerte es una violación a los derechos humanos y, en suma, constituye un problema de la sociedad moderna.

---

[149] *J. Gafo. Op. cit., p. 145.*

Por otro lado, este tipo de castigo es discriminatorio, pues en la mayoría de los casos la condena no sólo se determina por la naturaleza del delito sino también por el origen racial, el nivel económico o la ideología política del procesado. La pena capital ha sido la tortura legal desde hace siglos, pero debido a la incongruencia en la que se sustenta, es decir, dar muerte para evitar los asesinatos y otros delitos, es por demás inaceptable en el mundo actual; porque esto sólo confirma que la humanidad no ha evolucionado y continúa en un estado de barbarie.

Además, el argumento más sólido en contra de la condena a muerte es que no ha logrado su supuesto objetivo, evitar la inseguridad y el crimen; de ahí que la bioética en un sentido integral y la historia demuestran que la institucionalización de los homicidios no es una medida lógica ni efectiva a favor de la convivencia social, pues el delincuente requiere de una atención especializada con un enfoque de prevención, y no de un espectáculo cruel, denigrante e intimidatorio.

CONCLUSIONES

CONCLUSIONES

■ La pena de muerte: círculo taliónico-thanático

El argumento más contundente contra la pena de muerte es la constatación de que la violencia genera violencia en una cadena sin fin; por ello, ahora más que nunca es necesario romper con este paradigma de sucesión destructiva taliónica-thanática; para la apertura de un nuevo paradigma bioético en resonancia con la defensa de los derechos humanos, con base en la *justicia* en términos de Ricoeur como construcción interdisciinaria de esta investigación. De lo contrario, el día de una catástrofe final podría no estar lejano como hemos venido observando en los últimos tiempos con el horror de la guerra y el desastre que conlleva. La abolición de la pena de muerte es sólo un pequeño inicio, pero podría ser grande el efecto en la práctica y en la concepción misma del poder del estado-nación cuando ha cometido tantos errores a través del tiempo. Resulta difícil defender su supremacía en forma racional, pues su poder inquebrantable termina por legitimar lo que se define como absolutismo.

■ La dimensión destructiva de la pulsión de muerte

El hombre definitivamente no es ese ser bueno, con un corazón sediento de amor, más bien es un ser que entre sus realidades pulsionales cuenta con la agresividad necesaria, para defenderse cuando se le ataca. De hecho, unos contra otros tienden aprovecharsedeltrabajodelosdemássinsuficientecompensación, a utilizarse sexualmente sin previo consentimiento, a apoderarse de sus bienes, a humillarse, infringirse sufrimientos, torturarse, incluso hasta matarse, tal como se aprecia con la aplicación de la pena de muerte: *Homo homini lupus*... Así, la pulsión que perturba la relaciones armónicas entre la sociedad y la obliga a convertirse en insaciable justiciera, se identifica como la hostilidad primordial e innata que coloca al hombre frente al hombre. ¿Es irrefutable que conozcamos mejor la pulsión de muerte conforme se nos va mostrando más y más, hasta emerger definitivamente al horizonte de la cultura en forma de instinto de destrucción? Si reflexionamos con objetividad y conciencia real, podemos caer en la cuenta que quienes se dicen defensores incondicionales de la vida, en la mayoría de las ocasiones son los militantes de la muerte, porque actúan como fundamentalistas cristianos que se niegan aceptar la abolición o la suspensión de la pena de muerte, y en su cuadro cultural no cabe la comprensión y el perdón.

■ El principio de la pena perpetúa

Fundándose en el objetivo preventivo, la ejecución se justifica sólo para demostrar que su fuerza intimidadora es grande y superior a la de cualquier otra pena, incluida la de prisión perpetua. Por lo que se ha expuesto, los argumentos a favor y en contra dependen casi siempre de dos conceptos fundamentales en torno a la función de la pena: el retributivo, que se apoya en la regla de la justicia como igualdad (recordemos a Kant y Hegel) o correspondencia entre iguales, según la máxima de que es justo que quien ha cometido una acción afrentosa sea objeto del mismo mal que ha ocasionado a otros y, por lo tanto, es justo que quien mata sea muerto. Desde luego esta concepción pertenece al ámbito del *ius talionis.*

Ambos conceptos se contraponen también cuando se descubre el choque de los sentidos "ético" y "utilitarista", de acuerdo con dos teorías distintas de la ética: la primera, sobre una ética de los principios o de la justicia; la segunda, sobre una ética utilitarista que ha prevalecido en los últimos siglos y que aún continúa en el mundo anglosajón. Puede decirse, en general, que los antiabolicionistas invocan a la primera, como Kant y Hegel, y los abolicionistas, a la segunda, por ejemplo Beccaria.

• La blandura de las penas

No es necesario que las penas sean crueles para ser disuasivas. Es suficiente con que sean convincentes. Lo que constituye una razón para no cometer el delito, más aún, no es tanto la severidad de la pena como la certeza de ser castigados de alguna manera. Beccaria introduce también un segundo principio que refiere, además de la certeza de la pena, que la intimidación no nace de la intensidad del castigo, sino de su extensión, por ello con la prisión perpetua se crea una poderosa fuerza de intimidación, pero se ha comprobado que no mitiga la violencia cotidiana que se vive en las calles.

Objeto de una reflexión más profunda, es importante anotar que cada día se refuerza más el principio de la pena perpetua como un derecho de salvaguardar un valor moral de carácter universal: la vida. Por lo tanto, resulta difícil comprender que aunque la ética nos enseña que debemos proteger la vida, el derecho promulga una serie de medidas bastante crueles para preservar la integridad de la sociedad.

■ Propósitos raciales

Se sabe que la pena de muerte sirve a turbios propósitos raciales o discriminatorios. En los Estados Unidos de Norteamérica existen muchas sentencias de pena capital, pero se ha visto que la mayoría de los sentenciados pertenece a los llamados "grupos minoritarios", que los grupos hegemónicos han señalado a latinos, asiáticos o negros. En contra de su aplicación existen muchas razones históricas, jurídicas, éticas y psicológicas. La historia de la pena de muerte no ha demostrado su ejemplaridad, pues siempre existe la posibilidad de algún error judicial.

Gracias a valiosos estudios se ha podido comprobar que las profundas desigualdades e injusticias sociales, fundamentalmente de orden económico, contribuyen a que se cometan y se incrementen los actos delictivos. Asimismo, no debemos ignorar que gran parte de los crímenes se cometen por personas consideradas "enfermas mentales", por lo que se justifica la aplicación de la cadena perpetua para "proteger" adecuadamente a la sociedad.

■ Razones éticas para abolir la pena de muerte

Existen razones estrictamente éticas que sustentan la necesidad de abolir la pena de muerte. La primera de ellas, y la fundamental, es el carácter inviolable e irrestricto del respeto de la vida humana. Es un principio que vale por sí mismo y se ha de valer por otras razones (jurídicas y religiosas) que ya se han mencionado.

La ética, la religión y el derecho son campos que se vinculan estrechamente, por lo que resulta muy difícil delimitar sus fronteras, aunque cada uno es autónomo y tiene su propio sentido, pero todos pugnan por el beneficio de la humanidad. El respeto a la vida humana es intocable en el sentido ético, por razones de su propia existencia, independientemente de que el carácter religioso la remita a un origen divino. De ahí que nos planteamos ¿qué aporta hoy la pena de muerte al bien común, pues no compensa el daño irreparable que sufrió la víctima? ¿la venganza es una justa retribución?

Diversos pensadores comparten que la pena capital de ningún modo contribuye a la ordenación pacífica de la sociedad, incluso en el siglo XIX se llegó a la conclusión de que podía tener un efecto criminógeno, pues se hicieron estudios que demostraron que la mayoría de las personas ejecutadas había visto antes otras ejecuciones públicas, por lo que éstas dejaron de realizarse en Inglaterra. Esto significa que el antiguo argumento intimidatorio o disuasivo pierde su valor, ya que es sumamente discutible en un tema que suele plantearse de una forma más irracional que objetiva. El resultado obtenido en la comparación entre los estados norteamericanos, abolicionistas y retencionistas, no nos lleva a considerar que los delitos de sangre hayan disminuido cuando se aplica la pena capital.

■ **Situación psicológica**

No podemos comprender los actos de criminalidad, si no consideramos, además, la situación psicológica de muchos asesinos, ya que la mayoría de los homicidios se cometen en situaciones altamente emocionales y pasionales, donde el efecto disuasivo de la penalidad tiene un valor sumamente relativo. Los homicidas, con mucha frecuencia, se encuentran en una situación sin salida, lo que les impide valorar, en el momento de cometer el delito, que pueden ser sujetos en la aplicación de la pena de muerte. De igual manera, no podemos excluir por completo los errores judiciales que se cometen en los procesos. Existen suficientes casos comprobados de ejecuciones capitales aplicadas a personas que con posterioridad se demostró su inocencia.

Es muy frecuente que la principal presión ejercida sobre las autoridades, en algunos países abolicionistas, para restaurar la pena capital se centre en los delitos ocasionados por el terrorismo, pero esa pena suele ser interpretada como un acto glorioso por quienes defienden los móviles políticos de los terroristas que les permite asumir unos ideales políticos y religiosos sin miedo de poner en riesgo de su propia vida.

- **Frecuencia de ejecuciones**

Las estadísticas demuestran que la mayoría de las ejecuciones, insistimos, se aplican en detrimento de los indigentes y marginados, personas ignorantes y sin formación, a quienes la sociedad no ha sabido integrar, pues les ha negado los privilegios que otros han tenido, como si la bondad fuera patrimonio exclusivo de una sola raza o clase social. La pregunta que uno debe hacerse es inevitable: ¿es justa la muerte para los criminales a quienes la misma sociedad ha creado con sus desigualdades e injusticias? A los enfermos peligrosos no se les mata, se les cura, si es posible, y se impide que hagan daño.

- **Respeto a la vida**

El creciente rechazo hacia la pena de muerte es signo del respeto a la vida. Si actualmente consideramos las torturas y las mutilaciones como ejemplos de un tratamiento indigno del ser humano, es muy probable que las generaciones futuras las condenen unánimemente, al igual que nosotros, como incompatible con la dignidad del ser humano. La sociedad debe proteger a sus miembros contra la delincuencia, pero no con cualquier medio, sino sólo con los que son propios de la dignidad humana. En todo caso, el Estado deberá buscar otros medios eficaces para conseguirlo.

Se ha fundamentado por qué la pena de muerte no tiene el efecto disuasivo que frecuentemente se le atribuye, pues cuando se aplica no se restablece el orden violado ni se devuelve la vida a la víctima que el homicida le ha quitado. Se sabe que el gran argumento de los partidarios de la pena capital es el ejemplo del castigo, por su gran poder disuasorio. Se cortan las cabezas también para intimidar a quienes podrían realizar un acto delictivo, pero resulta contraproducente que no se acepte que la pena de muerte es una expresión de crueldad inhumana, ¿la sociedad no se venga? ¿quiere solamente prevenir? Maneja la cabeza para que los proclives al crimen lean en ella su destino y se vuelvan atrás.

Este argumento impresiona, porque primero, la sociedad misma no cree en el ejemplo del que habla; segundo, no está probado que la pena capital haya hecho retroceder a un sólo homicida decidido a hacerlo; por lo tanto, es evidente que no produce ningún efecto excepto el de la fascinación sobre millares de criminales; y tercero, constituye un ejemplo erróneo, cuyas consecuencias son imprevisibles.

Si de verdad la sociedad creyera la pena de muerte mostraría las cabezas, concedería a las ejecuciones la publicidad que reserva comúnmente a los empréstitos nacionales o a las nuevas marcas de automóviles, de bebidas y tabacos, pues aunque el poder mediático aproveche para reproducir el espectáculo de muerte, existen muchas expresiones humanas que reclaman paz y seguridad social.

Como se ha expuesto, la condena a muerte tras un procedimiento ya no es un homicidio en legítima defensa, sino un homicidio legal, autorizado, perpetrado a sangre fría, premeditado. Un homicidio que exige ejecutores, es decir personas comisionadas para matar. No por casualidad el celebrante de dicha pena, aunque autorizado a matar, no siempre es considerado un personaje respetuoso.

El Estado no puede ponerse al mismo nivel que el individuo aislado, porque este último actúa por rabia, por pasión, por interés, por defensa, por venganza. El Estado debería contestar de manera meditada, reflexiva. Aunque tiene la inmunidad y el beneficio del monopolio de la fuerza, debe asumir toda la responsabilidad de esa prerrogativa y de ese beneficio. Se comprende perfectamente que se trata de un razonamiento abstracto, que se puede reprochar de moralismo ingenuo, de corrección inútil, pero se ha intentado dar una razón a nuestro rechazo ante la pena de muerte: el mandamiento de no matarás, el cual en muchas culturas, aunque se describa con otras culturas, se hereda a todas las generaciones que se integran a este mundo.

Creemos con firmeza que la total desaparición de la pena de muerte representaría una señal indiscutible del progreso de la civilización. La historia íntegra de la evolución humana ha sido una serie de transiciones a través de las cuales una costumbre o una institución han pasado, una tras otra, de ser supuestamente necesarias para la existencia social, al rango de injusticias condenadas en el ámbito internacional. Estoy convencido que también podría ser el destino de la pena de muerte. Y que dicho destino será una señal indiscutible de progreso filosófico moral de la civilización.

Por otra parte, también debo subrayar que la pena de muerte no tiene   significado educativo o resocializador alguno para el delincuente: simplemente se le elimina y se le niegan sus posibilidades de cambio.

Prestemos más atención a este tema que nos incumbe a todos, principalmente porque el presidente de la República de los Estados Unidos Mexicanos, Vicente Fox Quesada, a propuesta del Secretario de la Defensa Ricardo Clemente Vega, enviará a la Cámara de Diputados una iniciativa para eliminar de la Constitución la aplicación de la pena de muerte en México; de aceptarse, podremos reconocer que, en materia de procuración de justicia, su gobierno es distinto a los que le precedieron y se instaurará una muestra del respeto a los Derechos Humanos, en nuestro país[150].

---

[150] Ruiz, Luis, "Propone Fox eliminar pena de muerte" en *El Universal* (sección Nación), 18 de febrero de 2004, p. 16.

Enviará iniciativa a la Cámara de Diputados; recibe informe de labores de la CND.

El presidente Vicente Fox dijo que en congruencia con la postura de su gobierno en contra de la pena de muerte, próximamente enviará a la Cámara de Diputados una iniciativa para eliminar de la Constitución la aplicación de la pena capital.

Explicó que la propuesta surgió del propio secretario de la Defensa Nacional, Ricardo Vega García, cuya dependencia a su cargo no ha aplicado de manera histórica esta pena por faltas como la traición a la patria.

Aseguró que en México no hay presos políticos, que en este gobierno "no ha habido ni habrá" actos de represión, que quedaron atrás las desapariciones forzadas de los disidentes, y que las funciones públicas ya no se ejercen como si fueran propiedad privada. "(Pero) mi gobierno sabe bien que todavía hay situaciones donde impera la impunidad", aceptó Fox.

Fue en Los Pinos en la presentación del Informe de Actividades de la Comisión Nacional de Derechos Humanos (CNDH), que hizo su presidente, José Luis Soberanes, donde Fox se refirió al tema tras recordar que 54 mexicanos se encuentran en cárceles de Estados Unidos, donde serán ejecutados, principalmente en Texas.

Al respecto, la CNDH dijo en su informe estar convencida de que el gobierno de México tiene la "autoridad moral" y sobre todo los argumentos para exigir un trato digno a los mexicanos en Estados Unidos.

"Independientemente de la nacionalidad o de la calidad migratoria que posee, cualquier persona tiene libertades y derechos fundamentales. De ahí precisamente que hayamos denunciado ante la Corte Internacional de Justicia las violaciones a los derechos humanos de estos 54 compatriotas", respondió Vicente Fox.

En el acto, el gobierno de Fox recibió fuertes críticas en materia de derechos humanos, y se hizo mención que de las 52 recomendaciones 20 están dirigidas a distintas instancias y dependencias del gobierno federal.

Sólo el sector salud y sus instituciones de asistencia social, el IMSS y el ISSSTE, recibieron 589 quejas, cifra que representa el 16.7 por ciento del total de las que emitió la CNDH en 2003.

El presidente Fox manifestó su preocupación ante tales cifras y dio instrucciones a los titulares de esas dependencias para dar respuestas a estas quejas.

ANEXOS

ANEXOS

ANEXO 1   Conferencia sobre la abolición de la pena de muerte.

ANEXO 2   Declaración sobre la participación del personal de salud en la pena de muerte.

ANEXO 3   Lista de países abolicionistas y retencionistas (Amnistía Internacional).

ANEXO 4   Algunas producciones cinematográficas que dramatizan la pena de muerte.

ANEXO 5   Resolución sobre la participación de los médicos en la pena de muerte.

ANEXO 6   Principios de la ética médica aplicable a la función del personal de salud.

ANEXO 7   Declaración sobre la participación de los psiquiatras en la pena de muerte.

ANEXO 8   Pena de muerte y participación de la enfermera en las ejecuciones.

Se ha integrado este apartado, con el propósito de compartir puntos centrales de algunos documentos internacionales que tratan la preocupación de diversas organizaciones y naciones con respecto a la pena de muerte, objeto de estudio y reflexión del presente trabajo.

A N E X O 1

CONFERENCIA SOBRE LA ABOLICIÓN DE LA PENA DE MUERTE DECLARACIÓN DE ESTOCOLMO (AMNISTÍA INTERNACIONAL, 1977)[151]

Integrada por más de doscientos delegados y participantes de África, Asia, Europa, Oriente Medio, América del Norte, América del Sur y El Caribe, se discutieron y acordaron los siguientes puntos:

Es un castigo extremo, el más cruel, inhumano y degradante que viola el derecho a la vida.

Es usada frecuentemente como instrumento de represión contra la oposición, grupos raciales, étnicos, religiosos y sectores marginados de la sociedad.

La ejecución de un condenado constituye un acto de violencia y la violencia tiende a provocar violencia.

Imponer e infligir la pena de muerte embrutece a todos los involucrados en el proceso, pues no ha demostrado jamás ser un efectivo disuasivo; de hecho, está adquiriendo progresivamente la forma de desapariciones inexplicadas, ejecuciones extrajudiciales y asesinatos políticos.

Debido a que la ejecución es irrevocable, puede ser infligida a inocentes.

---

[151] F. Cano Valle *et al.* (comps.) *Bioética y derechos humanos,* Instituto de Investigaciones Jurídicas, UNAM, México, 1992, pp. 265 y 266.

El Estado debe proteger sin excepciones la vida de toda persona dentro de su jurisdicción.

Las ejecuciones con fines políticos de coacción llevadas a cabo por los gobiernos como por otros organismos, son igualmente inaceptables.

Su abolición reviste un carácter imperativo para poder alcanzar los modelos establecidos internacionalmente.

Declara su total e incondicional oposición a la pena de muerte, y condena a todo tipo de ejecución realizada o tolerada por los gobiernos.

Reafirma su compromiso de trabajar por la abolición universal de la pena de muerte.

Exhorta a las organizaciones no-gubernamentales, nacionales e internacionales a trabajar colectiva e individualmente para proporcionar material informativo para uso público a favor de la abolición de la pena de muerte; y a todos los gobiernos a tomar medidas para su total e inmediata abolición.

Exige a las Naciones Unidas a declarar sin ambigüedades que la pena de muerte es contraria al derecho internacional.

A N E X O 2

DECLARACIÓN SOBRE LA PARTICIPACIÓN DEL PERSONAL DE SALUD EN LA PENA DE MUERTE (AMNISTÍA INTERNACIONAL, 1981 Y 1988)[152]

El espíritu del juramento hipocrático impone a los médicos ejercer su profesión para el bien de sus pacientes y no causarles nunca daño.

La Declaración de Tokio de la Asociación Médica Mundial establece que todo médico debe mantener siempre un respeto absoluto por la vida humana, aun en casos de peligro o amenaza, y no hacer uso de sus conocimientos en contra de las leyes humanitarias.

La Asociación Médica Mundial, en su reunión de Lisboa de 1981, resolvió que la participación de los médicos en la pena capital era contraria a la ética médica. Además de que los principios de la ética médica de la Naciones Unidas prohíben a los médicos tener con los presos o detenidos cualquier relación profesional cuya sola finalidad no sea evaluar, proteger o mejorar la salud física y mental de éstos.

Declara que la participación del personal de la salud en la realización de la pena capital constituye una violación de la ética profesional.

Exhorta a todos los relacionados con el área médica a que se abstengan a participar en ejecuciones; y exhorta también a las organizaciones de los profesionales de la salud a proteger al personal que se niegue a participar en ejecuciones, y adoptar resoluciones a tal fin, para que promuevan la adhesión a estas normas en todo el mundo.

Sin reserva alguna, Amnistía Internacional refrenda su oposición a la pena de muerte en todos los casos, pues conculca el derecho a la vida y el derecho a no ser sometidos a tratos o penas crueles, inhumanos o degradantes, consagrados en la *Declaración Universal de los Derechos Humanos* y otros instrumentos internacionales de derechos humanos.

---

[152] *Ibid.*, pp. 268-269.

A N E X O 3

LA PENA DE MUERTE. LISTA DE PAÍSES ABOLICIONISTAS Y RETENCIONISTAS (AMNISTÍA INTERNACIONAL, 1º de enero de 2001)[153]

Más de la mitad de los países del mundo ha abolido la pena de muerte en su legislación o en la práctica. Adjunto se encontrará una relación de países en la que se indica si su legislación estipula o no la pena de muerte. En cuanto a los países abolicionistas consta también, si es que se conoce, la fecha en que dejaron de aplicar la pena de muerte y la fecha de la última; respecto a los países que eliminaron las ejecuciones para todos los delitos, se incluye la fecha en la que se abolió para los delitos comunes, en el caso de que se haya producido antes. Normalmente, la fecha indicada corresponde al momento en que se tomó la decisión de invalidar la pena capital; si dicha decisión tardó varios años en llevarse a la práctica también mostramos esta última fecha.

Asimismo, se presenta una relación de países que han abolido la pena de muerte en su legislación desde 1976, en la que se puede apreciar que en la última década una media de más de tres países al año ha abolido la pena de muerte en su legislación o, si ya lo habían hecho para los delitos comunes, la han extendido a todos los delitos.

A la fecha del 1º de enero del 2001, el número de países abolicionistas y retencionistas se distribuía de la siguiente forma:

Abolicionistas para todos los delitos	75
Abolicionistas sólo para delitos comunes	13
Abolicionistas de hecho	20
	108
Total de abolicionistas en la legislación o en la práctica	87
Retencionistas	

---

[153] Se pueden encontrar actualizaciones periódicas de la lista de países abolicionistas y retencionistas en el sitio web de Amnistía Internacional, **www.amnesty.org** y es posible ver las listas traducidas al español en la sección «Centro de documentación» de las páginas web de EDAI en **http://www.edai.org/centro/.**

1. ABOLICIONISTAS PARA TODOS LOS DELITOS

Países y territorios cuyas leyes no establecen la pena de muerte para ningún delito

Abreviaturas: **Fecha (A)** = fecha de la abolición para todos los delitos; **Fecha (AC)** = fecha de la abolición para los delitos comunes; **Fecha (Últ. Ejec.)** = fecha de la última ejecución; **N** = fecha de la última ejecución de la que se tiene noticia; **Ind.** = sin ejecuciones desde la independencia.

País	Fecha (A)	Fecha (AC)	Fecha (Últ. Ejec.)
ALEMANIA	1987		
ANDORRA	1990		1943
ANGOLA	1992		
AUSTRALIA	1985	1984	1967
AUSTRIA	1968	1950	1950
AZERBAIYÁN	1998		1993
BÉLGICA	1996		1950
BULGARIA	1998		1989
CABO VERDE	1981		1835
CAMBOYA	1989		
CANADÁ	1998	1976	1962
COLOMBIA	1910		1909
COSTA DE MARFIL	2000		
COSTA RICA	1877		
CROACIA	1990		
DINAMARCA	1978	1933	1950
ECUADOR	1906		
ESLOVENIA	1989		
ESPAÑA	1995	1978	1975
ESTADO VATICANO	1969		
ESTONIA	1998		1991

País	Fecha (A)	Fecha (AC)	Fecha (Últ. Ejec.)
FINLANDIA	1972	1949	1944
FRANCIA	1981		1977
GEORGIA	1997		1994N
GRECIA	1993		1972
GUINEA-BISSAU	1993		1986N
HAITÍ	1987		1972N
HONDURAS	1956		1940
HUNGRÍA	1990		1988
IRLANDA	1990		1954
ISLANDIA	1928		1830
ISLAS MARSHALL			Ind.
ISLAS SALOMÓN		1966	Ind.
ITALIA	1994	1947	1947
KIRIBATI			Ind.
LIECHTENSTEIN	1987		1785
LITUANIA	1998		1995
LUXEMBURGO	1979		1949
MACEDONIA (ex. Rep. Yug.)	1991		
MALTA	2000	1971	1943
MAURICIO	1995		1987
MICRONESIA (Estados Federados)			Ind.
MOLDAVIA	1995		
MÓNACO	1962		1847
MOZAMBIQUE	1990		1986
NAMIBIA	1990		1988N
NEPAL	1997	1990	1979
NICARAGUA	1979		1930
NORUEGA	1979	1905	1948
NUEVA ZELANDA	1989	1961	1957
PAÍSES BAJOS	1982	1870	1952
PALAU			

País	Fecha (A)	Fecha (AC)	Fecha (Últ. Ejec.)
PANAMÁ			1903N
PARAGUAY	1992		1928
POLONIA	1997		1988
PORTUGAL	1976	1867	1849N
REINO UNIDO	1998	1973	1964
REPÚBLICA CHECA	1990		
REPÚBLICA DOMINICANA	1966		
REPÚBLICA ESLOVACA	1990		
RUMANIA	1989		1989
SAN MARINO	1865	1848	1468N
SANTO TOMÉ Y PRÍNCIPE	1990		Ind.
SEYCHELLES	1993		Ind.
SUDÁFRICA	1997	1995	1991
SUECIA	1972	1921	1910
SUIZA	1992	1942	1944
TIMOR ORIENTAL	1999		
TURKMENISTÁN	1999		
TUVALU			Ind.
UCRANIA	1999		
URUGUAY	1907		
VANUATU			Ind.
VENEZUELA	1863		
YIBUTI	1995		Ind.

2. ABOLICIONISTAS SÓLO PARA DELITOS COMUNES

Países cuyas leyes establecen la pena de muerte únicamente para delitos excepcionales, como los delitos previstos en el Código Penal Militar o los cometidos en circunstancias excepcionales, como los cometidos en tiempo de guerra.

Abreviaturas: **Fecha (AC)** = fecha de la abolición para los delitos comunes; **Fecha (Últ. Ejec.)** = fecha de la última ejecución; **N** = fecha de la última ejecución de la que se tiene noticia; **Ind.** = sin ejecuciones desde la independencia.

País	Fecha (AC)	Fecha (Últ. Ejec.)
ALBANIA	2000	
ARGENTINA	1984	
BOLIVIA	1997	1974
BOSNIA Y HERZEGOVINA	1997	
BRASIL	1979	1855
CHIPRE	1983	1962
EL SALVADOR	1983	1973N
FIYI	1979	1964
ISLAS COOK		
ISRAEL	1954	1962
LETONIA	1999	1996
MÉXICO		1937
PERÚ	1979	1979

3. ABOLICIONISTAS DE HECHO

Países que mantienen la pena de muerte para los delitos comunes, como el asesinato, pero que pueden ser considerados abolicionistas de hecho, dado que no han ejecutado a nadie durante los últimos diez años y se cree que mantienen una política o una práctica establecida de no llevar a cabo ejecuciones.

Abreviaturas: **Fecha (Últ. Ejec.)** = fecha de la última ejecución; **N**= fecha de la última ejecución de la que se tiene noticia; **Ind**.= sin ejecuciones desde la independencia.

País	Fecha (Últ. Ejec.)
BRUNEI DARUSSALAM	1957N
BURKINA FASO	1988
BUTÁN	1964N
CONGO (República)	1982
GAMBIA	1981
GRANADA	1978
MADAGASCAR	1958N
MALDIVAS	1952N
MALÍ	1980
NAURU	Ind.
NÍGER	1976N
PAPÚA NUEVA GUINEA	1950
REPÚBLICA CENTROAFRICANA	1981
SAMOA	Ind.
SENEGAL	1967
SRI LANKA	1976
SURINAM	1982
TOGO	
TONGA	1982
TURQUÍA	1984

4. RETENCIONISTAS

Países y territorios que mantienen la pena de muerte para delitos comunes:

Afganistán	Algeria
Antigua Y Barbuda	Arabia Saudí
Armenia	Autoridad Palestina
Bahamas	Bahrein
Bangladesh	Barbados
Belice	Benín
Bielorrusia	Botsuana
Burundi	Camerún
Chad	Chile
China	Comores
Congo (República Democrática)	Corea Del Norte
Corea Del Sur	Cuba
Dominicana	Egipto
Emiratos Árabes Unidos	Eritrea
Estados Unidos De América	Etiopía
Federación Rusa	Filipinas
Gabón	Ghana
Guatemala	Guinea
Guinea Ecuatorial	Guyana
India	Indonesia
Irak	Irán
Jamaica	Japón
Jordania	Kazajistán
Kenia	Kirguizistán
Kuwait	Laos
Lesoto	Líbano
Liberia	Libia
Malaisia	Malaui
Marruecos	Mauritania
Mongolia	Myanmar
Nigeria	Omán
Pakistán	Qatar
Ruanda	San Vicente Y Las Granadinas
San Cristóbal Y Nevis	Santa Lucia

Sierra Leona	Singapur
Siria	Somalia
Suazilandia	Sudán
Tailandia	Taiwán
Tanzania	Tayikistán
Trinidad Y Tobago	Túnez
Uganda	Uzbekistán
Vietnam	Yemen
Yugoslavia (República Federativa)	Zambia
Zimbabwe	

PAÍSES QUE HAN ABOLIDO LA PENA
DE MUERTE DESDE 1976

Fecha	País	Para delitos comunes	Para todos los delitos
1976	Portugal		X
1978	Dinamarca		X
1979	Luxemburgo Nicaragua Noruega		X
1979	Brasil Fiyi Perú	X	
1981	Francia Cabo Verde		X
1982	Países bajos		X
1983	Chipre El Salvador	X	
1984	Argentina	X	
1985	Australia		X
1987	Haití Liechtestein República Democrática Alemana (1)		X
1989	Camboya Nueva Zelanda Rumania Eslovenia (2)		X
1990	Andorra Croacia (2) República Federativa Checa República Federativa Eslovaca (3) Hungría Irlanda Mozambique Namibia Santo Tomé Príncipe		X

1992	Angola Paraguay Suiza		X
1993	Grecia Guinea-Bissau Hong-Kong (4) Seychelles		X
1994	Italia		X
1995	Yibuti Mauricio Moldavia España		X
1996	Bélgica		x
1997	Georgia Nepal Polonia Sudáfrica		X
1997	Bolivia Bosnia Herzegovina	X	
1998	Azerbaiyán Bulgaria Canadá Estonia Lituania Reino Unido		X
1999	Timor Oriental Turkmenistán Ucrania		X
1999	Letonia (5)	X	
2000	Costa de Marfil Malta		X
2000	Albania (6)	X	

(1) En 1990, la República Democrática Alemana se unificó con la República Federal Alemana, donde la pena de muerte se había abolido en 1949.

(2) Eslovenia y Croacia abolieron la pena de muerte cuando aún eran repúblicas de la República Federativa Socialista de Yugoslavia. Las dos repúblicas obtuvieron su independencia en 1991.

(3) En 1993, la República Federativa Checa y Eslovaca se dividió en dos Estados: la República Checa y la República Eslovaca.

(4) En 1997, Hong Kong fue devuelto a la soberanía china como región administrativa especial. Amnistía Internacional tiene entendido que la región administrativa seguirá siendo abolicionista.

(5) En 1999, el Parlamento Letón aprobó la ratificación del Sexto Protocolo del Convenio Europeo para la Protección de los Derechos Humanos y de las Libertades Fundamentales, con lo que quedó abolida la pena de muerte para delitos cometidos en tiempos de paz.

(6) En el 2000, Albania ratificó el Sexto Protocolo del Convenio Europeo para la Protección de los Derechos Humanos y de las Libertades Fundamentales, con la cual se invalidó la pena de muerte para delitos cometidos en tiempos de paz.

A N E X O 4

ALGUNAS PRODUCCIONES CINEMATOGRÁFICAS QUE DRAMATIZAN LA PENA DE MUERTE[154]

La espalda del mundo (España, Javier Corcuera, 2000)
Uno de los tres personajes protagonistas de este documental, el preso condenado a muerte Thomas Miller, narra su particular infierno. Permaneció desde 1986 en el corredor de la muerte en Texas, acusado de robo y doble asesinato. En ese periodo conoció a 120 personas que fueron ejecutadas y vio como la suya se retrasaba en diez ocasiones. La última apelación no tuvo éxito: Miller fue ejecutado poco después del estreno del documental.

Ejecución inminente (Estados Unidos, Clint Eastwood, 1999)
La historia de un periodista, ex alcohólico, mujeriego y perdedor, que se encarga con aparente desgana de entrevistar a un condenado a muerte. Cuando descubre algo que no encaja en el caso, emprende una carrera contrarreloj en la que intenta demostrar su inocencia. Clint Eastwood deja traslucir, con un tono de cinismo y amargura, su postura contraria a la pena de muerte.

Condenada (Estados Unidos, Bruce Beresford, 1996)
La película describe la lucha judicial con que se intenta evitar la ejecución de una mujer y pone de manifiesto cómo a veces el interés político es el factor de más peso a la hora de aplicar una condena a muerte. También refleja la particular tortura que supone para un condenado la antesala del corredor de la muerte.

El corredor de la muerte (Estados Unidos, Tim Metcalfe, 1996)
Es un drama sobrio que narra la historia real de Carl Panzram, un convicto ejecutado en 1930 por el asesinato a sangre fría de uno de los guardianes encargados de su custodia en la cárcel.

---

[154] Prisacom: "La pena de muerte en EEUU (películas)" en www.cadenaser.es/especiales/pmuerte/8.htm

Pena de muerte (Estados Unidos, Tim Robbins, 1995)
Uno de los mejores alegatos contra la pena capital. En este caso, el director, Tim Robbins opta por convertir en protagonista de la película a un condenado sobre cuya culpabilidad no hay dudas. En palabras de Robbins, "ser contrario a la pena de muerte es serlo en todas las circunstancias".

Executions (Reino Unido, David Herman, Arun Kumar, David Monaghan 1995)
Premiado documental británico que examina los distintos métodos de ejecución utilizados en los últimos 100 años y su terrible impacto social.

La asesina (Estados Unidos, John Badham, 1993)
Una condenada a muerte por inyección letal despierta de su ejecución y descubre que el gobierno ha optado por perdonarle la condena a cambio de que se deshaga de personas incómodas. La mujer trata de escapar de su nueva condena, tarea que no le resultará fácil.

Rampage (Estados Unidos, William Friedkin, 1988)
Un abogado lucha por condenar a muerte a un hombre acusado de eliminar a una familia completa. Antes de ser condenado, el sospechoso escapa y continúa asesinando a más gente.

Fina línea azul (Estados Unidos, Errol Morris, 1988)
Documental que trata la pobre evidencia que sirve para condenar a muerte a un joven, acusado de haber asesinado a un oficial de policía en Dallas.

La canción del verdugo (Estados Unidos, Lawrence Schiller, 1982)
Basada en una obra homónima de Norman Mailer, esta película se centra en los días finales de Gary Gilmore, el primer ejecutado tras el restablecimiento de la pena de muerte en Estados Unidos, en 1977.

El verdugo (España, Luis García Berlanga, 1963)
Un verdugo a punto de retirarse, interpretado por un genial Pepe Isbert, trata de convencer a su recién casado yerno de ocupar su vacante para poder mantener la casa. Una de las más grandes películas del cine español.

Tiempos sin compasión (Reino Unido, Joseph Losey, 1956)
Un escritor fracasado y alcohólico dedica las 24 horas previas a la ejecución de su hijo a buscar al verdadero culpable del asesinato del que se le acusa.

Doce hombres sin piedad (Estados Unidos, Sydney Lumet, 1957)
Los 12 miembros de un jurado se disponen a liquidar la culpabilidad de un joven hispano acusado de haber asesinado a su padre para volver cuando antes a casa. Uno de los miembros del jurado, interpretado por Henry Fonda, trata poco a poco de convencer a los miembros del jurado de que no hay fundamento para llevar al muchacho al paredón.

Un condenado a muerte se ha escapado (Francia, Robert Bresson, 1956)
Un miembro de la resistencia francesa, encarcelado por los nazis y condenado a muerte, duda sobre si asesinar o no a un compañero de celda, de quien sospecha que es un informador de los nazis, para que no denuncie sus planes de fuga.

En este mundo traidor (Estados Unidos, W.S. Van Dyke, 1939)
Un detective y su cliente, sospechoso de asesinato, son condenados; el primero a un año de cárcel, por encubrimiento y el segundo a muerte, por asesinato. Camino a la cárcel, el detective logra escapar con la idea de demostrar la inocencia de su cliente y buscar al verdadero asesino.

Veinte mil años en Sing Sing (Estados Unidos, Michael Curtiz, 1932)
Tom Connors, un preso a quien se concede un permiso para visitar a su novia herida, se ve involucrado en una pelea con un mafioso, a quien su novia mata de un disparo. Connors huye del lugar del crimen por una ventana y cuando regresa a prisión es culpado del asesinato y condenado a la silla eléctrica.

El pueblo contra John Doe (Estados Unidos, Lois Weber, 1916)
Relato cinematográfico de varios casos célebres de inocentes condenados a muerte por prejuicios y/o por falsas evidencias.

Dead man Walking (Estados Unidos, Tim Robbins, 1995)
Basada en hecho real esta cinta es un testimonio espiritual y profundamente conmovedor sobre el sistema judicial criminal norteamericano.

A N E X O 5

RESOLUCIÓN SOBRE LA PARTICIPACIÓN DE LOS MÉDICOS EN LA PENA CAPITAL (ASOCIACIÓN MÉDICA MUNDIAL, 11 SEPTIEMBRE DE 1981)[155]

Los puntos fundamentales de este documento son:
Que la Asamblea General de la AMM apoye la acción del secretario general quien, en nombre de la Asociación Médica Mundial, emitió un comunicado de prensa que condena la participación de médicos en la pena capital.

Que es contrario a la ética que los médicos participen en la pena capital, a pesar de que esto no exima al médico certificar la muerte.

Que se resuelva también que el comité de ética médica siga prestando mucha atención a este asunto.

Cabe señalar, que la primera ejecución por inyección intravenosa de una dosis mortal de medicamento debe efectuarse a la semana próxima por decisión del Tribunal del Estado de Oklahoma, Estados Unidos.

Por lo tanto, cualquiera que sea el tipo de pena capital impuesto por un Estado, ningún médico puede ser requerido a participar en ésta. El médico debe estar dedicado a preservar la vida.

Actuar como verdugo no forma parte de la práctica médica y en consecuencia no se puede solicitar el servicio para ejecutar la pena capital, incluso cuando el método use productos farmacológicos, o equipos que, en otras circunstancias, pueden ser utilizados en el ejercicio médico.

El médico sólo puede certificar la muerte una vez que el Estado haya ejecutado la pena capital.

---

[155] F. Cano Valle *et al. Op. Cit.* p, 270.

A N E X O 6

PRINCIPIOS DE ÉTICA MÉDICA APLICABLES A LA FUNCIÓN DEL PERSONAL DE SALUD, ESPECIALMENTE A LOS MÉDICOS, EN PROTECCIÓN DE PERSONAS PRESAS Y DETENIDAS CONTRA LA TORTURA Y OTROS TRATOS O PENAS CRUELES, INHUMANOS O DEGRADANTES (ORGANIZACIÓN DE LAS NACIONES UNIDAS, 1982)[156]

La Asamblea General:

1. Aprueba los principios de ética médica aplicables a la función del personal de salud, especialmente a los médicos, en la protección de las personas detenidas, contra la tortura y otras penas o tratos crueles o degradantes o inhumanos; expuestos en el anexo de la presente resolución.

2. Exhorta a todos los gobiernos a que den la difusión más amplia tanto a los principios de ética médica como a la presente, sobre todo, entre las asociaciones médicas y paramédicas y las instituciones de detención o carcelarias en el idioma oficial de cada Estado.

3. Invita a todas las organizaciones intergubernamentales pertinentes, especialmente a la Organización Mundial de la Salud y a las organizaciones no gubernamentales interesadas, a que señalen los principios de ética médica a la atención del mayor número posible de personas, de manera particular en las que ejercen la actividad médica y paramédica.

Principio 1. El personal de salud, esencialmente los médicos, encargados de la atención a personas presas tiene el deber de brindar protección a la salud física y mental de dichas personas y tratar sus enfermedades al mismo nivel de calidad que brindan a las personas fuera de estas circunstancias de encarcelamiento.

---

156 *Ibid.*, p. 271.

Principio 2. Constituye una violación patente a la ética médica, así como un delito con arreglo a los instrumentos internacionales aplicables, la participación activa o pasiva del personal de salud, en especial de los médicos, en actos que constituyan participación o complicidad en torturas u otros tratos o penas crueles, inhumanos o degradantes, incitación a ello o intento de cometerlos.

Principio 3. Constituye una violación a la ética médica el hecho de que el personal de salud tenga con detenidos cualquier relación profesional, cuya sola finalidad no sea el evaluar, proteger o mejorar la salud física y mental de éstos.

Principio 4. Es contrario a la ética médica, el hecho de que quienes se dedican a la práctica de la medicina:

a) Contribuyan con sus conocimientos y pericia a interrogatorios de personas arrestadas, en una forma que pueda afectar la condición o salud física o mental de dichos presos o detenidos y que no sea conforme a los instrumentos internacionales pertinentes.

b) Certifiquen, o participen en la certificación, de que la persona detenida se encuentra en condiciones de recibir cualquier forma de tratamiento o castigo que pueda influir desfavorablemente en su salud física o mental y que no concuerde con los instrumentos internacionales pertinentes, o colaboren de cualquier manera en la administración de todo tratamiento o castigo que no se ajuste a lo dispuesto.

Principio 5. La intervención del personal médico en la aplicación de cualquier procedimiento coercitivo a personas encarceladas es contraria a la ética médica, a menos que se determine, según criterios especializados, que dicho proceso es necesario para la protección de la salud física o mental o la seguridad del propio detenido, de los demás presos, o de sus guardianes y no presenta peligro para la salud del preso o detenido.

Principio 6. No podrá admitirse suspensión alguna de los principios precedentes por ningún concepto ni siquiera en caso de emergencia pública.

A N E X O 7

DECLARACIÓN SOBRE LA PARTICIPACIÓN DE LOS PSIQUIATRAS EN LA PENA DE MUERTE (ASOCIACIÓN MUNDIAL DE PSIQUIATRÍA, 1989)[157]

Los psiquiatras son médicos y, por tanto, se adhieren al Juramento Hipocrático de "dirigir el tratamiento con los ojos puestos en la recuperación de los pacientes en la medida de mis fuerzas y de mi juicio y abstenerme de toda maldad y daño".

Además, debe destacarse que la Asociación Mundial de Psiquiatría (AMP) cuenta con 77 sociedades miembros.

Los principios de ética médica de las Naciones Unidas sólo autoriza a los médicos y a los psiquiatras para evaluar, proteger o mejorar la salud física y mental de éstos, considerando además que la Declaración de Hawai de la AMP resuelve que el psiquiatra estará al servicio de los intereses del enfermo, en el mejor sentido, y lo tratará con la atención y respeto, debido a la dignidad que todos los seres humanos merecen y que rehusará su cooperación si un tercero le solicita acciones contrarias a los principios.

Conscientes de la posibilidad de que se requiera la participación de los psiquiatras en acciones relacionadas con ejecuciones, las Naciones Unidas declaran que la participación en cualquier acción de este tipo constituye una violación de la ética profesional.

---

[157] *Ibid.*, p. 273.

A N E X O 8

PENA DE MUERTE Y PARTICIPACIÓN DE LA ENFERMERA EN LAS EJECUCIONES (CONSEJO INTERNACIONAL DE ENFERMERAS, 1989)[158]

Al considerar que el Código para Enfermeras del Consejo Internacional de Enfermeras establece que el respeto por la vida, la dignidad y los derechos del ser humano son condiciones esenciales de esta profesión y que son cuatro los aspectos que reviste la responsabilidad de la enfermera: mantener y restaurar la salud, evitar las enfermedades y aliviar el sufrimiento. Así como que el Consejo Internacional de Enfermeras siempre ha defendido plenamente los principios consagrados en la Declaración Universal de Derechos Humanos de las Naciones Unidas, entre los cuales figura el derecho a la vida. Que dicha declaración establece el derecho del ser humano a que no se le someta a un trato cruel, inhumano o degradante, derecho que también figura en las posiciones del CIE sobre *El papel de la enfermera en la salvaguarda de los derechos humanos* y sobre *El rol de la enfermera en la atención de detenidos y presos políticos y comunes.*

No obstante, varios países han abolido la pena de muerte, pero en muchos otros este tipo de castigo penal sigue vigente. El Consejo Internacional de Enfermeras reconoce la responsabilidad de la enfermera hasta que comience la ejecución del preso sentenciado a la pena de muerte por el Estado. Además en los países donde se sigue condenando a muerte, el número de presos sentenciados a morir ha aumentado de manera alarmante y, hasta el presente, todos los esfuerzos para regular y humanizar este tipo de castigo sólo han creado un complicado, contradictorio e ineficiente enredo ético y jurídico. Se resuelve que el Consejo Internacional de Enfermeras considere la participación directa o indirecta de la enfermera en la preparación para la ejecución y en la ejecución

---

[158] *Ibid.*, p. 277.

de la misma, autorizada por el Estado, como una violación al código de deontología de la profesión.

Asimismo, el Consejo Internacional de Enfermeras exhortará a las asociaciones de miembros para que trabajen a favor de la abolición de la pena de muerte en todos aquellos países donde aún se practica.

BIBLIOGRAFIA

BIBLIOGRAFÍA

Bibliohemerografía citada

1. Abbagnano, Nicolás. *Historia de la filosofía,* Vol. II, Montaner y Simón, Madrid, 1978, 524 pp.

2. Adam Bedau Hugo. *Capital Punishment,* En Regan, Tom (comp.) *Matters of life and death, New introductory essays in moral philosophy,* North Carolina State University at Raleigh / Random House, New York,1980, 343 pp.

3. Alan Miller, Jacques y Diana S. Rabinovich (Edits.) *La ética del psicoanálisis 1959-1960, El seminario de Jacques Lacan* (1986), Libro 7, Paidós, Buenos Aires, 1995, 387 pp.

4. Aristóteles. *Ética nicomáquea, ética eudemia,* Libro V, Trad. Julio Pallí Bonet, Biblioteca Clásica Gredos, 89, Madrid, 1998, 561 pp.

5. Arriola, Juan Federico. *La pena de muerte en México,* 3ª ed., Trillas, México, 2001, 143 pp.

6. Barbero Santos, Marino *et al. La pena de muerte, 6 respuestas,* 2 ed., Boletín Oficial del Estado, Madrid, 1978, 235 pp.

7. Beccaria, Cesare. *Tratado de los delitos y de las penas* (1764), 10 ed., Porrúa, México, 2000, 408 pp.

8. Blanco Regueira, José. *Antología de Ética, Recopilación y comentarios,* UAEM, Toluca, 1995, 252 pp.

9. Brandt, Reinhard. *Immanuel Kant: Política, Derecho y Antropología,* Serie Filosofía Práctica: Tradición y Crítica, Universidad Autónoma Metropolitana / Plaza y Valdés, México, 2001, 243 pp.

10. Braunstein A., Néstor (comp.) *A medio siglo de* El malestar en la cultura *de Sigmund Freud,* Siglo XXI, México, 1981, 341 pp.

11. Camus, Albert y Arthur Koestler. *La pena de muerte, un problema siempre actual* (1960) Trad. Manuel Peyrou, Emecé, Buenos Aires, 1972, 216 pp.

12. Cano Valle, Fernando *et al.* (comps.) *Bioética y derechos humanos,* Instituto de Investigaciones Jurídicas, Universidad Nacional Autónoma de México, México, 1992, 283 pp.

13. *Constitución Política de los Estados Unidos Mexicanos,* 27ª ed., Trillas, México, 2003, 270 pp.

14. De Solemne, Marie. Dialogue avec Ricoeur, *Inocente culpabilité*, Dervy, Paris, 1998, pp.106.

15. Diccionario Enciclopédico de Teología Moral, dirigido por Leandro Rossi, Ambrogio Valsecchi, trad. de Ezequiel Varo *et al.* 3ª. ed., Ediciones Paulinas, Madrid, 1974, 1229 pp.

16. Spinoza, Baruch. *Ética demostrada según el orden geométrico,* CFE, México, 1996, 273 pp.

17. Derridá, Jaques y Elisabeth Roudinesco. *De Quoi Demain... Dialogue,* Fayard Galilée, Paris, 2001, 316 pp.

18. *Encyclopedia of Bioethics.* Vol. 1, Warren Thomas Reich (Ed.), Georgetown University / Macmillan Library, New York, 1995, 596 pp.

19. *Error capital. La pena de muerte frente a los derechos humanos,* Amnistía Internacional, Madrid, 1999, 221 pp.

20. Foucault, Michel. *Vigilar y castigar, Nacimiento de la prisión* (1975) Trad. Aurelio Garzón del Camino (1976), 29 ed.,

Serie Nueva criminología y derecho, Siglo XXI, México, 1999, 314 pp.

21. Francesc, Abel y Camino Cañón (Eds.) *La mediación de la filosofía en la construcción de la bioética*. Publicaciones de la Universidad Pontificia Comillas, Federación Internacional de Universidades Católicas, Madrid, 1993, 254 pp.

22. Freud, Sigmund. *Obras completas,* Vol. XIV (1914-1916) y Vol. XXI (1927-1931). Trad. José Luis Etcheverry, Amorrortu, Buenos Aires, 1979, 387 y 268 pp, respectivamente.

23. Gafo F., Javier. *10 palabras claves en bioética* (1997) 5ª ed., Verbo Divino, Madrid, 2000, 385 pp.

24. García Morente, Manuel. *Lecciones preliminares de filosofía* (1971) Sepan cuantos, No. 164, Porrúa, México, 2000, 302 pp.

25. González, Juliana y Lizbeth Sagols (eds.) *El ser y la expresión. Homenaje a Eduardo Nicol.* Universidad Nacional Autónoma de México, México, 1990, 193 pp.

26. González, Juliana,. *El Ethos, destino del hombre.* Obras de Filosofía, Universidad Nacional Autónoma de México / Fondo de Cultura Económica, México, 1997, 164 pp.

27. _____,. *El malestar en la moral, Freud y la crisis de la ética* (1986) 2ª ed., Col. Las Ciencias Sociales, Universidad Nacional Autónoma de México / Porrúa, 1997, 291 pp.

28. _____,. *El poder de Eros, Fundamentos y valores de ética y bioética,* Biblioteca Iberoamericana de ensayo. Universidad Nacional Autónoma de México / Paidós, México, 2000, 339 pp.

29. Gracia, Diego. *Fundamentación y enseñanza de la bioética,* Ética y vida, El Búho, Bogotá, 1998, 194 pp.

30. Green André, en Colapinto, Jorge y David Maldavsky (dirs.) *La pulsión de muerte, Primer Simposio de la Federación Europea de Psicoanálisis (Marsella, 1984),* Biblioteca de psicología y psicoanálisis, Amorrortu editores, Buenos Aires, 1998, 127 pp.

31. Green, André. *Narcisismo de vida, narcisismo de muerte,* Amorrortu, Buenos Aires, 1999, 263 pp.

32. Guadarrama González, Álvaro. *La pena de muerte,* Cárdenas editor, México, 2000, 227 pp.

33. Imbert, Jean. *La pena de muerte* (1989) Trad. Hugo Martínez Moctezuma, Colección Popular, Fondo de Cultura Económica, México, 1993, 161 pp.

34. Kant, Immanuel,. *Crítica de la razón práctica,* Trad. Antonio Zozaya, Biblioteca de los grandes pensadores, Barcelona, 2002,149 pp.

35. _____,. *La Metafísica de las Costumbres* (1797) Trads. Adela Cortina y Jesús Conill, Col. Clásicos del Pensamiento, Tecnos, Madrid, 1989, 374 pp.

36. _____,. *Lecciones de ética,* Trad. Roberto Rodríguez y Concha Roldán (1988), Crítica, Barcelona, 2002, 307 pp.

37. Kuhse, Helga y Peter Singer (Eds.) *Bioethics, an anthology,* Blackwell Publishers, Massachussets, 1999, 560 pp.

38. Lacan, Jacques. *Escritos 1* (1971) Trad. Tomás Segovia, 10 ed., Siglo XXI, México, 1984, 374 pp.

39. Landsberg, Paul, Louis. *Ensayo sobre la experiencia de la muerte, El problema moral del suicidio,* Trad. Alejandro del Río Herrmann, Col. Esprit, Caparrós editores, Madrid, 1995, 171 pp.

40. Marcuse, Herbert. *Eros y civilización* (1965) Trad. Juan García Ponce, 4ª ed., Ariel Madrid, 1999, 253 pp.

41. Nietzsche, Friedrich. *La genealogía de la moral* (1972) Alianza editorial, Trad. Andrés Sánchez Pascual, Madrid, 2000, 21 pp.

42. Olen Jefrey y Vincent Barry. *Applying ethics* (1998) 6ª ed. Wadsworth Publishing Company, UEA, 1999, 300 pp.

43. Platón. "Protágoras-Gorgias-Carmides-Ion-Lysis" en *Diálogos,* Vol. II, Universidad Nacional Autónoma de México, México, 1922, 431 pp. (sin más datos).

44. Ricoeur, Paul. *Amor y justicia* (1993) Trad. Agustín Domingo Moratalla, 2ª ed., Col. Esprit, Caparrós editores, Madrid, 2001, 115 pp.

45. _____,. *Lo justo* (1995) Trad. Agustín Domingo Moratalla, Col. Esprit Caparrós Ed., Madrid, 1999, 208 pp.

46. Ruiz, Luis. "Propone Fox eliminar pena de muerte" en *El Universal* (sección Nación), 18 de febrero de 2004.

47. Singer, Peter. *Repensar la vida y la muerte, El derrumbe de nuestra ética tradicional* (1994) Trad. Yolanda Fontal Rueda, Paidós, Barcelona, 1997, 255 pp.

48. *Summa Bioética.* Publicación trimestral de la Comisión Nacional de Bioética, Año I, No. 1, México, Marzo, 2003, 55 pp.

49. Tomasini Bassols, Alejandro. *Pena capital y otros ensayos*, Grupo editorial Interlínea, México, 1997, 289 pp.

50. Zaffaroni, Eugenio Raúl *et al. Derecho penal, parte general*, Porrúa, México, 2001, 1017 pp.

51._____,. *El Proceso Penal, Sistema Penal y Derechos Humanos,* Porrúa, 2ª ed., México, 2000, 726 pp.

52. Zambrano, María. *El sueño creador,* Turner, Madrid, 1986, 143 pp.

Bibliografía consultada

1. Antworten, Zwölf (comp.). *Die Frage Der Todesstrafe*, Fischer Bücherei, Hamburg, 1965, 175 pp.

2. Ariès, Philippe. *El hombre ante la muerte* (1977) Trad. de Mauro Armiño, Humanidades/Historia, Taurus, Madrid, 1999, 522 pp.

3. Díaz Aranda, Enrique, Enrique Gimbernat *et al. Problemas fundamentales de política criminal y derecho penal,* Serie Ensayos Jurídicos, 1, Instituto de Investigaciones Jurídicas de la Universidad Nacional Autónoma de México, México, 2001, 105 pp.

4. Engelhardt Tristram, H. *Los fundamentos de la bioética,* Trad. Olga Domínguez, Paidós, Barcelona, 1995, 545 pp.

5. Escobar Triana, Jaime, Carlos Maldonado *et al. Bioética y derechos humanos,* Colección Bíos y Ethos, Ediciones El Bosque, Bogotá, 1998, 353 pp.

6. Hugo, Victor. *Último día de un condenado a muerte.* Trad. José García de Villalta, 1ª ed., Editorial Aldus. México, 1995, 149 pp.

7. González, Juliana. *Ética y Libertad* (1989) 2ª ed., Obras de Filosofía, Universidad Nacional Autónoma de México / Fondo de Cultura Económica. México, 2001, 345 pp.

8. Lacan, Jacques. *De la psicosis paranoica en sus relaciones con la personalidad,* Trad. Antonio Alatorre, 3ª. ed., Siglo XXI, México, 1984, 353 pp.

9. Quilantán Arenas, Rodolfo. *La pena de muerte y la protección consular,* Plaza y Valdés, México, 1999, 136 pp.

10. Rajchman, John. *Lacan, Foucault y la cuestión de la ética* (1991) Trad. Pedro González, Editorial Psicoanalítica de la letra, México, 2001, 162 pp.

11. Rawls Jhon. *Teoría de la Justicia,*1979, Trad. María Dolores González, FCE. México, 2002, 549 pp.

12. Rascovsky, Arnaldo. *El filicidio*, Ediciones Orión, Buenos Aires, 1973, 284 pp.

13. Reale, Giovanni y Dario Antiseri. "Del humanismo a Kant" en *Historia del pensamiento filosófico y científico* (1985) Tomo II, Trad. Juan Andrés Iglesias, 3ª ed., Herder, Barcelona, 1999, 822 pp.

14. Reséndes Macías, Víctor Hugo. *Pena de muerte, La controversia*, PAC, México, 2001, 118 pp.

15. Ricoeur, Paul. *Freud: una interpretación de la cultura* (1965) Trad. Armando Suárez, 2ª ed., Siglo XXI, México, 1973, 483 pp.

16. Singer, Peter. *Liberación animal (1975)* 2ª ed., Col. Estructuras y procesos, serie Filosofía, Trotta, Madrid, 1999, 334 pp.

17. *Subjetividad y cultura.* Enrique Guinsberg (dir.) No. 8, Plaza y Valdés, México, mayo, 1997, 120 pp.

18. Zambrano, María. *Los sueños y el tiempo,* Siruela, 2ª ed., Madrid, 1998, 168 pp.

19. _____,. *Persona y democracia. La historia sacrificial,* Biblioteca de ensayo, Siruela, Madrid, 1996, 208 pp.

Otras fuentes

1. Amnistía Internacional. "La pena de muerte, docto. 4" en http://www.amnesty-usa.org/ailib/aireport/ar99s/intro/introduc- 04.htm, Madrid, 1999.

2. Amnistía Internacional. "La pena de muerte, docto. 5" en http://www.amnesty-usa.org/ailib/aireport/ar99s/intro/intro duc-05.htm, Madrid, 1999.

3. Amnistía Internacional: http://www.amnesty-usa.org.

4. Amnistía Internacional: "Pena de muerte" en http://www.ya.com./penademuerte/listapaises.html, Madrid, 2000.

5. Organización de las Naciones Unidas: http://www.onu.org

6. Prisacom: "La pena de muerte en EEUU" en Publicaciones y películas de http://www.cadenaser.es/especiales/pmuerte/8.htm